本色校长

张本 张琳 著

中国商业出版社

图书在版编目（CIP）数据

本色校长 / 张本，张琳著． -- 北京：中国商业出版社，2019.5

ISBN 978-7-5208-0033-4

Ⅰ．①本… Ⅱ．①张… ②张… Ⅲ．①校长－学校管理 Ⅳ．① G471.2

中国版本图书馆 CIP 数据核字（2019）第 027560 号

责任编辑 常 松

中国商业出版社出版发行

010-63180647　www.c-cbook.com

（100053　北京广安门内报国寺 1 号）

新华书店经销

北京天恒嘉业印刷有限公司印刷

*

710 毫米 ×1000 毫米　16 开　15 印张　200 千字

2019 年 8 月第 1 版　2019 年 8 月第 1 次印刷

定价：98.00 元

* * *

（如有印装质量问题可更换）

序 言

人都有梦想，我就有过三个梦想。第一个产生于我的红领巾年代，当时我学习好，考试总是得双百（语文、数学两门课，那时没有英语课），一直当班长，经常受到老师的表扬，所以就催生了我的第一个梦想：一定要考清华或北大。然而，刚刚升入小学四年级，轰轰烈烈的文化大革命席卷而来，彻底粉碎了我的大学梦。

1973年，十八岁的我无可奈何地回到了凤岗河畔的小村庄（我的家乡小松垡），当上了农民。一干就是十年。由于父亲是"黑五类"，我自然就成了"可教育好的子女"（就是被改造的对象）。所有的脏活、累活都干过，所有的罪都受过（除了蹲监狱），好事没你的，像参军、入党、当工人都甭想，就连娶媳妇都成了一种奢望。我绝望过，甚至产生过轻生的念头。

20世纪80年代初，改革开放的春风吹到了凤岗河畔，给了我们这些人做"人"的资格，给我的生命注入了活力，看到了命运的曙光。1983年我当上了工人。自己感到如沐春风，浑身有使不完的劲。就在我春风得意之时，一个人的出现打破了生活的平静。我的老师李金铎几次到我家，苦口婆心说服我去学校代课。

师命难违，1985年我来到通县大杜社中学当了一名代课教师。干了两三年，入了门儿，还被评上了先进，于是就催生了第二个梦想：当一名真正的人民教师。为实现梦想，我在勤奋工作的同时还参加高等教育自学考试，拿到了大学文凭。1993年北京市教委组织了代课教师选拔考试，择优录取（录取率21∶1）。全市中学录用30名，小学70名。我以通州区成绩第一被录用。于1994年转正成为一名真正的人民教师。第二个梦想实现了。

转正以后，被校领导看上了，提拔我当教导主任。干了两年顺了手，于是又产生了一个梦想（真是人心无厌）：我要当校长，建一所好学校。为了圆梦我努力学习管理知识，参加北师大、首师大的教育管理课程学习，加上自身的钻研，学校的教学质量在我和校长的科学管理下迅速提升。到了2000年，我所在的大杜社中学已经进入先进行列。2002年1月，在我步入教育行列的第17个年头，机会来了，我接到了调令：到通州区马驹桥中学当校长兼党支部书记。

这一干又是十年。这十年是我人生的巅峰，也是第三个梦想实现的时候。这十年马驹桥中学由原来破旧不堪的平房校，迁入了高楼林立的现代化校园；这十年学校由原来的后进学校变为窗口学校……到现在马驹桥学校仍然位居通州区几十所学校的前列。

如今退休了，回首往事，觉得自己虽然生不逢时，有过绝望却没有自暴自弃；虽然没有惊天动地，却也小有作为。人生的梦想虽然有点自私却也是奋发向上的；三个梦想实现了两个也算及格了。

今年暑假里，我原来的同事育才分校校长李竹林打电话，说是由北京辰麦通太图书有限公司出资请作家给我写一本传记，听后我先是激动，心想"竟然有人为我立传了"！转念一想，我有何德何能值得称道？既没进过大学校门，也没受过专业（科班）培训，和别的校长相比我就是个"土八路"。

他们执意要做此事，那我也只有感谢的份儿了。首先感谢北京辰麦通太公司创建了这个平台；其次感谢李竹林校长把机会让给了我；第三感谢作家张继玲倾力写作。另外还有为此书提供素材的各位朋友，一并表示由衷的谢意！

张本

2018年元月

目 录

001 第一章 蓄势——峥嵘岁月

苦涩的童年……002
心中有梦：暗夜中的火光……004
改变命运的曙光……006

011 第二章 起势——燃情时代

转折：走上代课教师之路……012
十年代课生涯……015
自学：三年拿下"北京市高自考"毕业证……017
机遇：是金子总会发光……021
一次打赌……026
"人本管理"牛刀小试……028

031 第三章 井喷（2002—2012）——巅峰时刻

新官上任——2002年1月任马驹桥中学校长……032
倒吸一口冷气："这与我心目中的好学校
有天壤之别！"……034

一次倾心长谈……037

校长的难题：没米如何做饭？……038

从0到1：一所现代化的花园式学校是如何建成的……042

两度临危受命……054

两年改变一所学校，十年中考七年拿第一……058

确立"以人为本"的管理模式……061

这世上最难做的就是人的思想工作……065

把学校打造成人才"锻造熔炉"，而不是"画地为牢"……070

学校十年发展历程回顾与愿景展望……072

081　第四章　定势——学校管理是一门科学的艺术

管理之道（一）……082

识人秘诀：细微之处观察人……089

用人的境界："物尽其用，人尽其才。"……091

一个心灵上高度认同的领导班子是如何炼成的？……093

两支队伍的建设……096

管理之道（二）靠创新管理模式激活教师队伍……101

转变管理思路，营造和谐民主的工作氛围……104

转变领导作风，变"官本位"为"人本位"……106

当领导就意味着你要比别人多吃亏……108

行为激励管理法……110

115　第五章　思与行——现代学校教育的未来

未来，教育将向何处去？……116

学校为什么而办学……120

育人观："学校的一切工作都是为了育人，育一切人。"……121

教师观："教师应做真人，但真人不是完人。"……123

学生观："把学生当成人来教育。"……125
思考一：教育如何走出"唯分数论"的怪圈？……126
思考二：如何实现从近代教育向现代教育的转变……128
改革现状，实现教育现代化……129
思考三：素质教育的明天……133
2010 日本印象……140
可持续发展教育助力马驹桥中学续写新传奇……149
最生动的课堂：第一槐下说古槐……157
皮影博物馆中说皮影……161
组织教师编写校本教材——《京南明珠马驹桥》……162
展望：可持续发展教育的未来……164

171 第六章 定势——"全才校长"

"全才校长"……172
"不务正业"的校长……172
坎坷道路上的诗意人生……175
一生求索，学无止境……184
领导的"大家"，管理的"大师"……187
张校长最让人佩服的地方：敢吃螃蟹的第一人……188
"他当校长挺轻松"……189
永远的榜样——谁不愿追随这样的领导前行？……192
一位极具道德领导力的好校长……195
"我们的办公室主任比较会过日子"……197
我眼中的张校长——追求卓越，不断创新……199
我的良师益友……202
我的父亲……204

209　第七章 收势——不忘初心，方得始终

一段佳话：通州教育的三驾马车……210

一段传奇：通州教育看西南……213

张本：一生所求……216

一个好校长就是一所好学校……218

张本：当本色校长，悟乐学之道——赴武汉学习有感……222

后记……227

第一章 蓄势——峥嵘岁月

张本的一生跌宕起伏，所有吃过的苦、受过的委屈、经历的曲折都隐藏在了他平静无波的外表下，所有的这些好的坏的经历统统都在他的心里沉淀，却从未妨碍他坚持自己正直善良宽容的本性，这或许源于他与生俱来的坚韧品性和高远志向的驱动，以及在艰苦条件下练就的极强的环境适应能力。

苦涩的童年

忍饥挨饿是童年留在张本脑中最深刻的记忆。对小时候的张本来说，每天醒来的第一件事就是找吃的。吃不饱饭对于20世纪五六十年代出生的人来说几乎是共同记忆。张本一家孩子本来就多，日子就更加难过。"小时候，我家经常吃不上饭，挨饿是家常便饭。"那个年代给张本留下的满是艰辛的记忆，因为儿时的日子实在太苦，张本只在偶尔的回忆缝隙中跟年轻一辈像说遥远的往事一样轻描淡写地提起过。

与今天的妈妈每天为孩子不愿吃饭而发愁形成鲜明对比，那个年代的母亲每天都在为孩子吃不饱饭发愁——一包地瓜干可以做成一顿犒劳全家的美味大餐，榆钱花、槐花饼、玉米面及高粱面做成窝窝头，豆腐坊里做豆腐剩下的豆渣，各种能吃的野菜，都可以在妈妈们的手中经过再加工变成饭桌上诱人的食物，小麦面粉是只有逢年过节时才能吃到的奢侈食品，大米则是奢侈品中的奢侈品。

张本家的日子更清苦，他直到今天还记得那一顿简单至极的年夜饭，那一年他七岁。

那是1962年的除夕夜，全家围坐在炕桌前吃年夜饭，吃的是什么呢？每人分得巴掌大一块干菜叶掺玉米皮做的糊饼。直到确保孩子们手中每人都拿到一块大小差不多的糊饼，妈妈才放心地把剩下的一小块饼仔细地放进嘴里。这是家里能拿出的最美味最优质的食物，是平时舍不得吃攒到大年夜这一晚上共享的大餐。这就是张本一家的年夜饭，平时吃什么就可想而知了。

张本的母亲眼看着几个孩子正是长身体的年纪，却常常饿得肚子咕咕地叫着在自己眼前晃悠，做母亲找不到充足的吃食来填饱他们的肚子，她只能想方设法地多弄点吃的。那时候，邻里乡亲大都吃不饱饭，有时去东家借点油，有时去西家借点粮食，能借到的也极其有限，因为人家粮食都不富余。

有一天，还没到放学的时间，母亲就看到张本满身血迹斑斑地走进家门，她吓了一跳，忙问是怎么回事？是跟谁打架了？张本小心翼翼地跟母亲说："刚才跟同学打篮球，不知怎么就吐了两口血出来。"他当时其实很害怕，心里发慌，心脏突突乱跳，喘着粗气，但当面对着神情紧张的母亲时他还是尽力控制着内心的恐惧，忍住眼泪，只眼巴巴地看着母亲，希望母亲能告诉自己"没大事"。但母亲没有满足他的这个愿望，他看到母亲着急地要掉下泪来："这吐血不是小事，不管可不行，可是家里一分钱也没有，怎么给你看病抓药呢？"情急中，母亲看到了院里笼子里养的一只兔子，她把兔子抱了出来，一路跑着到了集市上。拿着卖兔子的钱，母亲带张本去看医生，等医生开好药方说价钱时，张本清楚地记得医生说要"两块五毛钱"，而他们的兔子只卖了两块钱。真是一分钱难倒英雄汉，没办法，母亲一脸无奈地拉着张本回家了。就这样，因为钱不够药也没抓成，第二天张本继续上学，家里每天都有很多事情要忙，日子一天天过去，吐血的事也就不了了之了。

"后来有机会问医生，医生说那种情况应该是饿的，可能是长期营养不良，又突然剧烈运动造成的。"

当时不只张本家面临这种吃不上饭的情况，全国上下基本上都面临着粮食的饥荒，出现这种情况，是因为正逢上从 1959 年到 1961 年的"三年困难时期"，造成了全国性的粮食短缺和饥荒。

儿时唯一给张本的家庭带来一点希望的是他的大哥张彬。张本回忆说："童年时对我影响最大的是我大哥，我老末，我大哥比我大 20 岁，他 19 岁当教师，22 岁当教导主任，25 岁当小学校长。我刚记事，他已经当校长了，他长得很英俊，又能挣钱，特别是在 20 世纪 60 年代初，家里吃不上饭，大哥经常给家里寄些钱，能买点粮食吃，我就觉得大哥有能耐，十分钦佩他，心里有个愿望，长大要像他那样挣钱，摆脱贫困。"

心中有梦：暗夜中的火光

每个人都有自己的梦想，有的经过奋斗实现了，有的虽经毕生努力却没有实现，无论当初的梦想是否已实现，当我们回过头来看时会发现，梦想在人的一生中所起到的指引作用，使人身在困境依然心怀希望并且坚持下去的作用是多么巨大。

张本的一生跌宕起伏，所有吃过的苦、受过的委屈、经历的曲折都隐藏在了他平静无波的外表下，所有的这些好的坏的经历统统都在他的心里沉淀，却从未妨碍他坚持自己正直善良宽容的本性，这或许源于他与生俱来的坚忍品性和高远志向的驱动，以及在艰苦条件下练就的极强的环境适应能力。

对于足够强大的人，苦难是一种财富。对于天生脆弱的人，苦难会变成一场灾难，对于原本坚强的人，苦难会让他变得更加坚强。在身处恶劣的生存环境时，张本心中唯一有的一个信念，就是活下去，活得漂亮。

学生时代的张本开始展现出积极上进的个性，不仅在学习上力争上游，在班级活动上也热心参与。在小学阶段就是少先队大队长、班长。

在小学阶段，张本有一个朦胧的愿望那就是努力学习，考上名牌大学，以后当个科学家。升到初中后，学校里混乱起来，在这样的环境里，张本和他的同学们在混沌和迷茫中度过了学习知识的最好年华。

有段时间，他自感前路迷茫，前途黯淡，一度自暴自弃，甚至自卑绝望到要放弃自己，放弃生命，就在这样的紧要关头，因为心中还存有对未来的美好希望，因为他还幻想着有一天奇迹会出现，到那个时候，自己就能当上工人，就能参军考大学！

因为心存梦想，他把绝望重新转化为希望和信念。

有句话叫，狂风不终日，骤雨不终朝。张本相信困难总会过去，好日子一定会到来。艰难困苦，玉汝于成。张本没想到，这种苦难的日子会从十几岁的少年时代一直持续到年近三十岁的中年时光。

步入初中阶段学习后的张本遇到了对自己一生都影响至深的老师。"上学以后，经历了很多老师，但最令我敬佩的是李金铎老师。他教我们初中语文。那时学校一片混乱，多数老师无心上课，而李老师却不然，不但能准时给我们上课，而且兢兢业业，刻苦钻研，不但教会课本上的知识，而且还旁征博引，教我们许多课本以外的知识。他多才多艺，不但教我们搞文学创作，还教我们拉二胡、打篮球……"李金铎对张本最大的影响是他做事为人的态度，颇有"举世皆浊我独清，众人皆醉我独醒"的意味，这给张本树立了一个很好的榜样作用，为以后张本能勇敢面对艰辛苦难，甚至与不公屈辱相抗衡打下了一定的基础。在这个时期，李金铎对他的学生所进行的才艺启蒙则为后来张本在才艺书法方面的追求做了铺垫，使他成为一个多才多艺的"全才校长"。

改变命运的曙光

张本说,他的童年、少年及至青年时期几乎都在与饥饿做斗争,从1973年在农村到1980年承包养猪场,张本从一名高中生彻底蜕变成了一名体力劳动者,春种秋收各种农活都已经相当在行。然而即便已经成为村里合格的壮劳力,张本还是经常挨饿,吃不饱饭。

1980年,改革开放的春风开始吹向中国的角角落落,北京通州大杜社乡小松垡村开始实行家庭联产承包制。

家庭联产承包责任制是20世纪80年代初期在中国农村推行的一项重要的改革。改革最早始于农村改革,农村改革的标志为"包产到户",后来被称为"家庭联产承包责任制"(俗称"大包干")。该项制度在一定阶段内激发了农村的活力。

一心要攒足力气大干一场的张本认为这是一个非常好的机会,在村里人都还在张望犹豫的时候,他说服家里人,果断承包了村里的养猪场。

然而,养猪是一项技术活,在承包养猪场之前,他一无技术,二无经验,不过,这也难不倒他,张本一次次跑到村里的养猪户家里取经,跟他们聊天,交流养猪的学问。在向别人取经的同时,张本还大量购买养殖方面的书,每天晚上研究到深夜。有一天,当他又到那家养猪户家去交流经验时,他被主人无情地赶了出来,随后他才知道邻居家的猪因为染上了猪瘟,几天时间一窝猪竟然全死了。有了这个惨痛的教训,张本马上意识到了学习兽医技术的必要性。于是,他在研究养猪技术的同时,还钻研兽医知识。

承包养猪场后,张本张口闭口跟邻居们谈得都是他家的猪。邻居们提起张本时都打趣:"这家伙现在不是在伺候猪,就是在研究猪,要么就是在研究怎么给猪治病。"

这是张本第一次养猪,每天穿得破破烂烂,给猪准备吃食,喂猪,给猪洗澡，定期给猪打针，这些活张本都干得不亦乐乎。不到一年时间，张本猪场里的猪养得又肥又壮，而且还产仔多，一般一窝都在十头猪仔左右。一年下来，张本的养猪场各项指标均超额完成，年底评比时还得到大队奖励的超额奖500多元（相当于现在的一两万元）。这可是那年村里奖金最多的，当时轰动一时，张本也成了远近闻名的"猪倌"。

当奖金发到张本手里时，村里人看向张本的眼光有点复杂，他们不明白为什么这个家伙之前从来没有养过猪，养出的猪还能超过经验丰富的养猪户，拿到最高的奖金，他们在心里对张本也多了些敬佩和赏识。

张本养猪养得好，另一方面还因为在给猪治病上也不含糊。他家里的猪生病或者打防疫针都是他自己下手。这些技术都是他自学来的，他去别的养猪厂家里看到兽医给猪打针，只看一遍他就记在了心里，怎么配药，扎针的方位深浅，他都一看就懂，回家再跟书中的介绍相对照，仔细琢磨透彻之后，就敢在自己家的猪身上试验打针。

有一次，大队书记到张本的猪场附近遛弯，惊讶地看到他正在给猪打针。

"你能给猪打针？"

张本呵呵一笑："这里的猪都是我自己打针。"

"我家的猪病了，大队兽医给治了半个月也不见好，你能不能给我看看去？"

张本说："可以试试，治不好别怨我。"

"死马当活马治。"书记说。

到了书记家，张本给那头猪量完体温，又摸了摸脉，告诉书记："就是感冒，没大病。"然后加倍用药打了一针。第二天，书记又路过猪场，老远冲着张本喊："我家的猪好了！"这么一来，张本会给猪打针治病的消息就不胫而走了。

后来，村里缺兽医，大队书记想到张本有这方面的特长，就派张本到乡里参加兽医培训，条件是学成后要担任村里的兽医。

1982年，通县举行了一次全县兽医业务考核，张本的成绩遥遥领先，名列第二。一时间张本名声大噪，成了邻里乡亲眼中的"神医""能人"，谁家的牲畜生了病治不好，有什么疑难杂症的，交到张本手里或用药或打针或针灸，基本上能药到病除，甚至有些邻居自己生病了也来找张本看。

1983年，张本在给牲畜瞧病上的能耐已经名声在外，当时乡食品站缺一名检疫员，张本就被大杜社乡乡食品站调去当检疫员，月薪93元。

从1983年到1985年，张本在乡食品站做检疫员的工作，闲时有街坊邻居家的牲畜病了会请他去瞧。从农村"壮劳力"到"猪倌"，再到食品站检疫员，张本一家的生活状况慢慢好起来，张本吃上了公家粮，寻常人家的日子终于回归平淡安稳的本来面貌。

然而，一个人的突然到访却打破了这个家的平静——在这期间，张本初中时的语文老师李金铎几次到张本家来访，来访的目的是想让张本到大杜社中学去代课。李老师的来访让张本左右为难，李老师是自己十分尊重的一位老师，但是，家里人并不支持他去做代课教师，因为代课教师的工资很低，一个月只能拿33元，他还有家小要养，这个账是很明白。他在犹豫，为什么李老师一定要自己去当这个"代课教师"？

代课教师，是在学校中没有事业编制的临时教师，这个职位的产生是在特定历史阶段中，在教育资源投入不足状况下的一种不得已的选择，代课教师没有任何"名分"，却在特定历史阶段发挥着积极作用。

李金铎老师之所以几次三番要请张本去学校代课，一方面是因为当时学校的教师资源严重缺乏，另一方面也是看重张本当年在学校期间的突出表现，张本在学校时无论在学习能力还是在领导组织能力上都给他留下了很深刻的印象。

李金铎老师前两次到访都被张本和家人婉言谢绝了，张本清楚地记得他拒绝老师的理由："老师，你看我现在已经成家，做一行爱一行，现在干得也挺顺利，不想再改行了。"李金铎老师却坚持认为张本应该去教学，他说："我知道你们现在过得安稳，但是你打算一辈子做兽医吗？"张本嘴上还是没有同意，但心思已经活动起来，李老师的话唤起了他小时候对当教师的大哥的崇拜和向往。

一周后的一个下午，李金铎老师第三次来到张本家里，他进门后看到张本正在给别人家的猪看病。等到邻居们都走了，李金铎老师劈头就问："你还是我学生吗？如果你还认我这个老师就跟我去学校教书。你就是教书的材料！"

"没办法，迫于老师的压力，我放弃了食品公司优厚的工资待遇（月薪 93 元），来到了大杜社中学当上一名代课教师（月薪 33 元）。"从检疫员到代课教师，如果不是李金铎老师的坚持，张本未来也许会成为一个实业家。

第二章 起势——燃情时代

"我的老师把我强拉到了教育行业,当时我的家人和亲戚朋友大都反对,都说挣这么点钱不能养家,那年我已经30岁了,已娶妻生子。只有我的妈妈支持我,她对我说:挣钱再少也是先生。这使我坚定了信心,又重新燃起了用知识改变命运的夙愿。"

转折:走上代课教师之路

来到大杜社中学,张本看到的是几排高低不等的平房,院子里坑洼不平,到处是泥土,教室里课桌椅十分陈旧,黑板是木板做的,斑斑驳驳,还有的是在墙上抹上水泥,然后在水泥板上涂上黑墨水就是黑板。

张本到学校后的第一天,校长就找他谈话,第一句话就是:"你能在这里干下去吗?"然后告诉张本月薪是33.6元,福利待遇几乎没有。张本说:"试试吧。"随后,校长给了张本一本初二语文课本,一本教参和一个横格本(教案),他的工作是教初中语文。从1985年走上代课教师的讲台到1994年年底张本被提拔为教导主任,张本在大杜社中学做了九年半的语文教师。

在人的一生当中会有许多个第一次。对于张本来说,也有许多第一次,第一次当农民,第一次养猪,第一次当兽医,在1985年的大杜社中学,他是第一次当老师。

从"猪倌"到老师,这个跨度还是有点大。张本低头看着自己的一双手,这已经是一双因长年劳作长满了茧子的手,这双手以后要写出一手漂亮的板书,他可以做到吗?用手抚摸着那本初二语文课本,还有教参和教案，回想着之前自己的老师如何在讲台上为学生讲解课文，自己能讲得跟老师一样好吗？他心里没底。

他一向镇静的外表下，隐藏着的其实是一颗紧张惶恐的心，他担心自己教不好学生，还担心因为自己不够专业会误人子弟，他甚至还想到如果自己不能胜任，影响到的可能是学生的一生，这比养猪、给猪看病可要难得多。他深知教育足可以影响人的一生，而一名好的老师会给一个孩子带去持久的影响力，就像李老师对于自己的影响一样。可是，现在自己毫无准备，能成为一名好老师吗？因为自觉关系重大，张本生平第一次在心里打起了鼓。

1985年9月的一天，张本第一次走上讲台，站在教室的讲台上，过往的经历在张本脑中一幕幕闪过：起猪圈时的艰辛，曾经有过的绝望，父亲带给他的喜悦，养猪场拿到奖金的激动，还有给猪看病打针，做检疫员的闲适，张本暗暗地甩甩头，跟这些过往告别，他对自己说，从今天开始，我的目标是当一个好教师，教好我的学生。他知道，目前自己距离这个目标还有很长一段路要走。

经过反复考虑和综合分析，张本认为要成为一名合格的教师就必须要过三关：教材关、教法关和学生关。

第一关，在教材的研究上，张本下了很大的功夫，第一步是吃透书本，并且进一步搜集相关延伸资料。在当时，大杜社中学教学资料相当有限，学校图书馆里也没有多少有用的东西。为了完全吃透教材上的知识点，能做到举一反三，他要求自己必须知其然且知其所以然。只是，现在手头的资料不够怎么办？张本想到了城里的新华书店，那里的资料丰富。下班后，张本抽时间骑上自行车赶到城里的书店，精选几本自己需要的资料，自掏腰包买回来学习。那段时间，张本成了书店的常客。经过一段时间的刻苦钻研，张本对初中的语文教材基本上已经吃透，而且还摸出了门道，在教材教学中已达到游刃有余的境界。

第二关是钻研教法。教材的研究张本可以通过自学搞定，教法方面的提升却不是单靠自己就能完成的工作。张本采取的策略是首先向本校老教师学习。他故意将教学进度放慢，比同级教师慢一到两节课，目的是先听别的老师怎么讲，然后在学习别人讲课经验的基础上再备课。张本提高教课水平的另一个方法是积极参加上级组织的培训讲座，但凡学校有举办讲座的消息张本都会第一时间打听到，无论多忙，都挤出时间场场不落地去听，听完了回来反复琢磨，这个地方老师为什么这样讲，那个地方为什么那样讲，慢慢地通过学练结合，张本找到了自己讲课的节奏，半年后，张本的课堂教学已经能达到行云流水般的水平了。

第三关是过学生关。一个老师要教好学生，首先要心里装着学生，了解学生，走进他们的内心，掌握他们的成长规律和学习规律。张本在教学当中发现，作为老师不仅要懂得如何教，更要懂得如何引导学生去学，不仅要研究教法，更要研究学生的"学法"。

张本的中学时代是在一片混乱和动荡中度过的，所以没读过多少书，当上老师后的张本有了第二次重新读书学习的机会，他跟自己的学生一起如饥似渴地学习着，弥补着那段缺失的学习岁月。正因为有这样的心态，张本深知学生在学习过程中哪个地方是难点，哪个地方不容易理解，可以说，张本在开始教课的前几年里是在教中学、在学中教，学到的比教给的要多得多。后来，这样的习惯并没有因为张本在教学上的成熟而丢弃，直到他当上校长之后，他依然要求学校的老师们必须培养持续学习、教学相长、终身学习的习惯。

甚至包括张本在后期当上校长之后，大力倡导"青训班"，注重青年教师的培养都与此时的经历有关系。张本通过自身的成长，从对教学一无所知到在教学上游刃有余，从而摸索出了一条教师学习成长的路径，从而树立了"好教师不是天生的，好教师是完全可以培养出来的"的观念。这段时期的经历对他以后担任校长，开始主管一所学校，并快速提升全校教师的教育教学水平是一个铺垫。

十年代课生涯

张本喜欢关注并研究每一个学生。他在教学中发现，面对同一个知识点有的学生学习能力强，学习速度快，有的学生学起来则比较费劲，有的学生擅长口语表达，有的学生则擅长书面表达，有的学生的理解能力很强，有的学生则逻辑思维能力强，到此，他总结出，学生与学生之间是有差别的，孔子所说的"因材施教"一点没错。正是基于这样的认识，对他后来担任校长时坚定地推行"层次教学"提供了实践上的依据。

张本特别关注学习困难的学生。大概是因为自己曾经受过太多的磨难和委屈，张本对于弱势群体有种天然的同情和悲悯。对于班级里的学困生，张本从来都不小看他们，更无丝毫轻视，当然更不是置之不理。他的做法是先鼓励他们，帮助他们打消自卑心理，然后无偿地利用课余时间给他们补课，有时在寒暑假也会让学生到自己家里来给他们辅导。通过这样的一系列举措，许多原本的差生因得到了鼓励和平等对待，学习信心大增，成绩快速提升，整个人也从原来的自卑消极变得开朗自信，也有的学生在学习上的进步并没有特别明显，但是在张本的耐心鼓励下，慢慢也走出了自卑，找到了自己在写作、绘画等方面的优势，变得自信起来。

张本还记得班上有一位女生，平时比较内向寡言，但喜欢画画，张本就让这名学生负责学校黑板报的更新，当同学们看到这名女生做的黑板报又漂亮又精致时，纷纷对她刮目相看，这名学生从绘画中重新找到了自信，变得日益开朗，与同学之间的交流不再有障碍，学习成绩也提升许多。

张本全面了解学生，走进学生的世界的第二个途径就是做家访。张本说："我一直坚持家访，在当班主任的10年里，足迹踏遍了大杜社乡的每一个村落。"

大杜社乡位于通州区东南部，距离市中心40公里。北邻马驹桥镇、台湖镇，南邻大兴区长子营镇、采育镇，东临牛堡屯镇，西邻台湖镇次渠。1958年属通州区，1962年建大杜社公社，1983年改大杜社乡。1996年大杜社乡面积45平方千米，人口1.6万人，辖大杜社、小杜社、六郎庄、西马庄、大松垡、小松垡、神驹、柏福、东田阳、西田阳、南小营、团瓢庄、陈各庄、姚辛庄、前堰上、后堰上16个行政村。2000年，撤销大杜社乡，设立大杜社镇。2001年年末，撤销大杜社镇，并入马驹桥镇，大杜社镇从此成为历史。

之所以对家访工作如此认真和坚持，是因为张本坚定地认为学生的成长是靠家园共育，在很大程度上，家长在孩子成长和学习过程中所起的作用要比学校和老师的作用大得多。

学生的学习和成长如若不能得到家长的配合是无法真正起到作用的。尤其是在辅导学困生的过程中，张本发现，许多学生之所以在课上不认真听讲，跟同学关系不好，性格内向，很大一部分原因是家庭环境导致的，这让张本更坚信把家访工作进行下去的必要性。每到下班后或周六日，张本都会骑上那辆自行车到学生家里访查。在学生的家里，他并不像有的老师只是浮于形式，走个过场，而是争取和家长真正产生沟通，了解家长对孩子的看法和期望，在一些关键问题上给予家长建议和指导。

当时张本只是一名普通的语文老师，后来兼任班主任，但是他与家长的沟通角度并不仅仅是在学生的学习成绩上，他与家长谈得更多的是这个孩子的综合成长。只要是在家长时间允许的情况下，张本通常都争取能跟家长坐下来认真地交流，从不敷衍了事。张本的认真和敬业打动了许多原本并不将孩子的学习和成长放在心上的家长，有些家长感慨地说："孩子是我们自己的，人家只是一个当老师的尚且这么负责，我们做父母的怎能不尽心尽力去配合呢？"就这样，张本今天去这个村的这个家庭家访半小时或者一小时，再去同村的另一家庭家访半小时，有时候，张本甚至顾不上吃饭，家访完毕后回到家已经是深夜。张本在家访上的重视和坚持争取到了大多数学生家长的配合，他的认真负责也使得家长和学生深为感动，通过家校互动，学生们变得越来越听张本的话，学习上也变得用功起来，成绩逐步提高。

在大杜社中学当老师的前三年里，张本从教材到教法再到学生都苦下功夫。虽然已有家小，但张本因为对教育事业的这份热爱，把全部身心都投入了教育教学工作中去，几乎达到了一种痴迷的地步。到此，张本才明白李老师所说的那句"你就是教书的料"的含义，他不禁感慨，没想到李老师看人竟然这么准！

张本几乎把全部的时间和精力都投入了学校工作中，放在了教学质量的提升上，放在了学生学习和成长上，还放在了自身的提升上，毕竟一个人的时间和精力是有限的，在家庭和孩子的教育方面的投入就相对欠缺了很多。自古忠孝难两全，这也是张本对家庭和孩子觉得有亏欠的地方。

天道酬勤。1987年，在张本进入大杜社中学的第三年，他所带的班级的语文教学成绩提升到了全县领先水平。1991年，张本被评为通县"优秀青年教师"，这个称号的含金量很高，是由学校评选、教育局审批，一所学校只有一个评选名额。至此，张本终于成为全校教学能手，教学学习标兵。

自学：三年拿下"北京市高自考"毕业证

拿到"优秀青年教师"称号，成为全校教学能手后的张本并没有因此感到满足，他总感觉知识不够用，需要学的东西还有很多。恰好在这个时候，他打听了解到有一个所有人都可以参加的"北京市高自考"，通过这个考试就可以拿到大学学历文凭。

儿时的大学梦再次复苏。张本很兴奋，但当时的信息网络并不像现在这样畅通，周围人知道这件事的人很少，他不得不跑到城里找渠道去了解这个考试到底是什么情况。经过多方打听，张本了解到这个考试虽然面对所有人，但是宽进严出，通过的难度相当高，只有30%的通过率。在内心深处，张本一直对自己没有上大学耿耿于怀，中学几年又在"文化大革命"中度过，再后来就直接投入农村的工作生活中去，身为一名教育工作者，自己却没有接受过系统专业的教育，如何能胜任呢？现在有这样一个机会，即便难度再高，他也必须抓住！

高等教育自学考试（简称"高自考"），于1981年经国务院批准创立，是对社会人员以学历考试为主的高等教育国家考试，是一种个人自学、社会助学和国家考试相结合的高等教育形式。

"高自考"的目的在于通过国家考试促进广泛的个人自学和社会助学活动，贯彻宪法鼓励自学成才的有关规定，造就和选拔德才兼备的专门人才，提高全民族的思想道德素质和科学文化素质，以适应社会主义现代化建设的需要。

经过系统的学习，通过毕业论文答辩、学位英语考核达到规定成绩，符合学位申请条件的，可申请授予成人学士学位，并可继续攻读硕士学位和博士学位。

1991年，张本和一名同事一起报名了"高自考"，张本报考的专业是中文专业。报上名后，接下来就是漫长而艰苦的"自学"历程。当时的张本已经36岁，家里有老婆孩子要照顾，并且由于当时的身份还是民办教师，闲暇时间还要种地。在学校他要教课，因为当着班主任，还兼任年级组长，还要兼顾学生工作，在这样繁复的工作之余，他挤出一切可以利用的时间来学习准备考试，因为身兼数职，那段时间，张本充分理解了什么叫"分身乏术"，什么叫"焦头烂额"。

在所有的考试科目中，最难的是古代文学，这对没有多少古汉语知识储备的张本来说特别有难度，偏偏只古代文学一门课就有五本书要学，这让张本头疼不已。为了加快学习进度，力争一次考过，张本报名参加了北师大开办的"高自考"辅导班。

　　白天要上课，张本只能参加晚上的课程，辅导班晚上的课程安排是从 6:30 到 8:30。而且辅导班的地点是远在数十公里外的城区，这意味着张本上班结束后必须在下午 6:30 之前赶到上课地点才能确保听到课。

　　张本提前跟领导申请调课，确保下午 4:30 开始从大杜社中学出发。20 世纪 90 年代，北京的公共交通系统远不如现在发达，行驶在远郊区的公交车大多只是在白天运行，到了晚上会陆续停运。所以，自行车是当时很多人会选择的重要交通工具。

　　怎么在两个小时的时间里从通州大杜社乡赶到位于海淀区的上课地点？张本很自然地想到了他的那辆永久牌自行车，他将骑着这辆自行车赶 90 里地的路程到城里听课。在大杜社中学任职的十年当中，张本先后有过三辆自行车，都是永久牌，永久牌自行车陪伴他走过了大杜社乡的每一个村落，还将载着他在北京通州城郊和海淀区之间往返穿行。

　　于是，在 1991 年的冬天，在首都北京有这样一位中学教师，每天下午 4:30 会准时出现在通州大杜社中学门口，他习惯性地抬头看看天色，同时迈上那辆永久牌自行车，伴着夕阳西下的余晖，从位于凤岗河畔的大杜社出发，抄近路向西北骑行 90 里地，从郊区到城里，穿行大半个北京城，历时两个小时，到达位于海淀区北太平庄附近的北京师范大学高自考培训班。北方冬天的寒风冷冽刺骨，为了抵御风寒，这位老师不得不加披一件黑色棉衣，自行车载着他把一陇又一陇的田地、一行又一行的树木和一排又一排的楼房依次推向身后，终于到达目的地，热得流一身汗，里面的衬衣黏黏地贴在身上很不舒服，来不及管这些，他停下自行车，快步跑进附近一座教学楼里的一个教室，里面的课程已经开始，中年教师一边擦汗，一边拿出书本，边听边记，两个小时后，原本汗湿的衣服已经捂干，讲台上的老师宣布下课了。当其他学生都已经陆续撤离教室时，那位中年教师还站在教室门口显得恍然无助，这位中年教师就是张本，他在思量着这个晚上要在哪里过夜。

下课后，时间已经是晚上八点半，如果再骑两小时的车赶到家就是半夜了，而且90年代的北京路灯配备尚不齐全，尤其是城郊的许多路段根本没有设路灯，黑灯瞎火地赶夜路很不安全，张本当时工资微薄，也住不起旅馆。怎么办呢？

在这样一个大冷天的夜晚，有家回不了，又不能住旅馆，张本想到了在北师大附近的大木擦小学自己有一位熟人，是同村的发小。这位熟人在大木擦小学的工作是烧锅炉，在冬天，学校的锅炉工人通常是整宿工作的。张本找到了这位熟人，说明了自己的情况，从此张本就在这位发小的锅炉房里借宿，在旁边的熊熊火光里和衣而睡。第二天清晨5点钟起床，骑车赶回大杜社中学上课。

这期辅导班的培训时间是三个月，张本连续在北京这张大地图上骑行了90天，每天来回近200里地，当他伴着月色和晨风与胯下的自行车默契配合往返两地之时，他没有觉得自己只是一名普通的郊区中学的代课老师，更多时候他觉得自己是一名正在向着知识海洋加速航行的船长。

三年后，1993年，张本通过了"北京市高自考"所有考试科目，拿到中文高自考大专文凭。

转正：考试成绩居通州第一。一年后，张本又参加北京市代课老师转正考试，那一年，全北京市共有630名代课教师参加考试，取前30名录用（21：1），所以，当年全市中学教师成功转正的只有30人，张本就是其中一位，更重要的是张本的转正考试成绩居通州第一，专业分考到了96分。跟张本同时代的他后来的同事侯玉巍（马驹桥学校总务主任）说："这个转正考试难度极大，张本校长能考到第一名，实在是难能可贵。"历时9年时间，张本实现了从代课教师到正式教师身份上的转变。

机遇：是金子总会发光

孟子《生于忧患，死于安乐》一文有云：舜发于畎亩之中，傅说举于版筑之间，胶鬲举于鱼盐之中，管夷吾举于士，孙叔敖举于海，百里奚举于市。

故天将降大任于斯人也，必先苦其心志，劳其筋骨，饿其体肤，空乏其身，行拂乱其所为，所以动心忍性，曾益其所不能。

如果说十年农村生活在心性上最大限度地给予了张本以磨炼，那从1985年到1994年的十年代课生涯则是张本一生命运的一大转折，这段时间是他的积淀期。十年磨一剑，一朝试锋芒。十年时间的潜心耕耘终于换来机遇女神的垂青。

1994年年底，基于在教学成绩和班级管理等各方面的工作业绩突出，张本被提拔为大杜社中学教导主任。在此之前，从代课教师到班主任，到年级组长、教研组长、教务主任、政教主任，张本担任过学校里除团委书记之外的所有的职位。

张本在大杜社中学期间的经历可以用乾卦六爻的爻辞来概括：

第一爻：潜龙勿用。龙潜在水中，暂时不能发挥作用。这期间，张本迫于老师的压力转行当老师，由于缺乏经验，无奈之下，靠偷学别人教案、偷课来提高自己的教学水平。

第二爻：见龙在田，利见大人。龙出现在田间，有利于大德大才之人出现。经过不断努力，奋起直追，三年时间，拿到"优秀青年教师"称号，领导给予赏识却未提拔。

第三爻：君子终日乾乾，夕惕若，厉无咎。君子整天勤奋不息，甚至夜间时时警惕，虽然面临危险也无祸害。因心中有梦想在召唤，想要出人头地，做出一番事业的志向在胸中燃烧，用两年时间，拿下"高自考"毕业证，后通过转正考试，终被提拔为教导主任，期间，自己拉牛车去慰问老师，凝聚人心。

第四爻：或跃在渊，无咎。相机而动，跃起上进，无咎害。

在无任何后台的条件下，张本以副校长之职，带领大杜社中学拿下全区农村校第一名，此举震动了教育局局长，教育局局长找到镇长点名要找到此人，到外乡当校长。

第五爻：飞龙在天，利见大人。飞龙上天，有利大德大才之人出现。

直到2002年1月，张本被区教委调任马驹桥中学任校长，英雄终有用武之地。

第六爻：亢龙有悔。龙高飞到了极点，必有过悔。2005年，马驹桥中学发展壮大成为通州区第一实验中学，2011年，又成立小学部，成为马驹桥学校。张本作为马驹桥学校的总设计师，把马驹桥学校带上了一个崭新的发展阶段，成为当时通州区最先进的中学。

1994年年底，张本担任大杜社中学教导主任，担任这个职位后，张本的所有心思都放在了怎样把大杜社中学的教学质量抓上去这个主要矛盾上面。在此之前，大杜社中学教学成绩一直徘徊在全县倒数的位置，经常做"红椅子"，每到全县召开教育教学总结大会，学校校长都如坐针毡，就是因为学校的考试成绩常常排名倒数。

怎么把学校的教学质量尽快提上去？造成学校教学质量低下的主要原因是什么？怎么解决？在工作过程中，张本擅长抓大放小，集中力量解决主要矛盾。这在他以往的工作经历中同样可见一斑。

经过综合全面系统分析，张本认为，造成大杜社中学教学质量一直提不上去的主要原因是教师工作积极性不高，而造成教师积极性不高的原因则是工资待遇太低，不少教师为了养家糊口，选择跳槽、下海，这进一步导致教师队伍不稳定，人心涣散。

1994年1月1日，《中华人民共和国教师法》正式施行，《教师法》中规定：教师的平均工资水平应当不低于或者高于国家公务员的平均工资水平，并逐步提高。

"在 1994 年工资套改前，教师工资待遇非常低，月薪只有五六十元，福利几乎没有，所以一些教师出国下海。大杜社中学当时的教职工人数 60 多名，代课教师就占了二十多个。"除了教师待遇低，代课教师所占比例太大在张本看来也是教学成绩提不上去的重要原因。

20 世纪 90 年代的中国百废待举，商品经济在经历长期压抑后逐步放开，全国人民开始逐步投入社会主义经济建设的大潮中来。面临这样的时代环境，要充分调动老师们的积极性，稳定队伍，凝聚人心，必须从根源上找方法，唯有对症下药才是解决之道。

张本认为，只有从根本上提高教师的待遇水平才是提振教师精神，加快学校发展的关键，但是，这项重任岂是单凭一所学校的力量所能完成的？何况他当时还只是一名教导主任？

在张本的成长路径中，有一个特点可以总结他做事的风格，那就是"敢为天下先"，尤其是当身在困境之时，在别人看来已无路可走，但他偏能在这种无路可走的茫途里找一条生路出来。他的同事曾经的下属张刚将他的这个特点总结为"敢于第一个吃螃蟹"，"擅长解决各种疑难杂症"。

怎么改革教学管理？怎么把大杜社中学的教育教学开拓出新局面？张本认为，虽然只是一名教导主任，在其位就要谋其政，一件事要么不做，要做就要做好，这是张本一直信奉的做事之道。

张本思量着，这个问题要从根本上解决就必须要争得校长的支持。于是，张本找到校长，经过与校长充分的沟通，最终确定了把教师的教学质量和教学成绩跟奖励工资、职称评定、先进评选相挂钩的改革思路。

这项带有行为激励性质的决定引起了大多数老师的重视，老师们为了自己的前途和利益考量，工作积极性迅速提高。从这时开始，张本"人本管理"的思想初成端倪，"从人性出发解放工作积极性"的工作思路在学校原本平静的一潭静水中翻起了阵阵涟漪。

1996 年，湖南汨罗市第五中学因推行目标管理的学校管理方法在业界声名鹊起，一石激起千层浪，全国掀起"管理学汨罗"的热潮。1996

年年底，大杜社中学开始推广学习汩罗中学的目标管理方法。

"目标管理"对当时的教育界来说是一个新事物、新名词。

"目标管理"是管理大师彼得·德鲁克创立的，它是企业管理的一种模式，将其整合运用于教育管理是一种创新。

1954年，美国管理大师彼得·德鲁克（Peter Drucker）在其名著《管理实践》中最先提出了"目标管理"的概念，其后他又提出"目标管理和自我控制"的主张。

德鲁克认为，并不是有了工作才有目标，而是相反，有了目标才能确定每个人的工作。所以"企业的使命和任务，必须转化为目标"。如果一个领域没有目标，这个领域的工作必然被忽视，管理者应该通过目标对下级进行管理。当组织最高层管理者确定了组织目标后，必须对其进行有效分解，转变成各个部门以及各个人的分目标，管理者根据分目标的完成情况对下级进行考核、评价和奖惩。

目标管理提出以后，便在美国迅速流传。时值第二次世界大战后西方经济由恢复转向迅速发展的时期，企业急需采用新的方法调动员工积极性以提高竞争能力，目标管理的出现可谓应运而生，遂被广泛应用，并很快为日本、西欧国家的企业所仿效，在世界管理界大行其道。

目标管理最为广泛的是应用在企业管理领域。企业目标可分为战略性目标、策略性目标以及方案、任务等。一般来说，经营战略目标和高级策略目标由高级管理者制订；中级目标由中层管理者制订；初级目标由基层管理者制订；方案和任务由职工制订，并同每一个成员的应有成果相联系。自上而下的目标分解和自下而上的目标期望相结合，使经营计划的贯彻执行建立在职工的主动性、积极性的基础上，把企业职工吸引到企业经营活动中来。

目标管理方法提出来后，美国通用电气公司最先采用，并取得了明显效果。其后，在美国、西欧、日本等许多国家和地区得到迅速推广，被公认为是一种加强计划管理的先进科学管理方法。中国80年代初开始在企业中推广，目前采取的干部任期目标制、企业层层承包等，都是目标管理方法的具体运用。

目标管理的具体形式各种各样，但其基本内容是一样的。所谓目标管理乃是一种程序或过程，它使组织中的上级和下级一起协商，根据组织的使命确定一定时期内组织的总目标，由此决定上、下级的责任和分目标，并把这些目标作为组织经营、评估和奖励每个单位和个人贡献的标准。

对于"目标管理"这个新事物，张本非常感兴趣，事实上，张本对任何新事物都一直保持着高度的兴趣。

他觉得"目标管理"这套理念如果应用到大杜社中学的管理中来将非常有利于解决教师队伍工作积极性不高、工作氛围差的问题。然而，张本深知，一种普遍理论的最终落地必须要联系具体的实际才能真正发挥其作用。所以，接下来，张本不仅对汨罗中学的实践材料认真地进行了学习，还搜集到了所有能搜集到的相关资料进行了全面系统的分析研究。

随后，张本跟校长一起研究学习了本地区优秀学校的管理经验，选取的样本学校有通州四中、通州六中、运河中学，根据这些分析总结，再结合大杜社的具体情况，重新制定了一套目标管理方法。

基于目标管理理论基础和已有的教育实践，参照汨罗中学经验，结合大杜社中学实际情况，张本将"目标管理"进一步细化分解，将目标纵向分解为：学校目标、年级目标、班级目标、学科目标和个人目标。横向分解为：德育目标、教学目标、总务后勤目标等。

目标继续向下分解，德育目标又包括年度内对学生进行哪些教育，开展几次教育活动，要达到什么效果。学生违法违纪率比上一年减少几个百分点等。教学目标是三率：及格率、优秀率、平均分。达到区平均算完成任务，超过部分计分。

这套目标管理办法的核心是，把管理与教学工作量化，折合成百分制，将所得分数作为评先进、晋升职称、发放奖金的依据。这套管理制度的实质是"优胜劣汰",它从根本上打破了大杜社中学以往论资排辈评优评先的格局,更新了学校评优晋级制度,给青年教师搭建平台,充分调动了一大批青年教师的积极性和主动性。在这个制度平台上,每位教职工的业绩都通过这种管理机制显现出来,对成绩优秀的,无论提干、职称评定还是先进评选都以公开成绩为依据,大家心服口服,老教师也没有怨言,因此解决了新老教师的平衡问题。

这套方法成型后,于1997年开始在大杜社中学毕业班教学评估中试行。实施以后,教职工的积极性逐渐提高,学校教学质量稳步提升。

"经过时间的检验,从现在往回看,当时的方法是有效的。"张本校长说。

一次打赌

1996年,张本被任命为大杜社中学副校长,当时大杜社中学的教学成绩已经提升到全县第9名。1998年,大杜社中学的中考成绩上升到全县前列;1999年,拿到第三名;2000年,大杜社中学中考成绩拿到全县第一名。

2001年,大杜社中学毕业班有15名毕业生被潞河中学录取,这个数字在大杜社中学历史上是破纪录的一项,在整个通州区也是足以让业界同行震惊的一个数字。

不过,"15名毕业生被潞河中学录取"这个数字对张本来说还有另一层不同寻常的意义,它不仅意味着张本跟郭来校长一次"打赌"的输赢,还意味着他的那套管理思想终于得到了校长的完全认同。

张本与郭来校长之间的这次"打赌"颇有些传奇意味。

那是在2001年4月底,大杜社中学校长像往常一样在学校教室和老师办公室之间行走着例行巡校,不时会远远地驻足观察几分钟,他看到有些老师正忙着伏案备课，有些老师正在讲台上声情并茂地讲课，对于学校里越来越积极的教学氛围，他感到很满意，但是因为一向谨慎，怕一不小心行差踏错，他总担心会再出什么漏子。

接下来，他抬脚走进毕业班办公室，想看看毕业班老师们的工作情况，他看到的是老师们都在认真伏案学习，但当他再走近一些时，却看到摆在老师办公桌上的书本并不是备课材料，他转了一圈，发现这个办公室里的每个老师都不是在备课，而是在看别的书，他压着怒气问其中一名老师：

"你们在忙什么？"

那名老师回答："在准备5月10日的专升本考试。"

听到"专升本"这几个字之后，他才记起来，张本曾经跟他提过这回事，说学校要鼓励老师求上进，有许多老师在准备专升本考试。郭来当时也跟张本表态说："只要不影响正常教学，老师进修是好事。"可是，他不曾想到在中考即将到来的紧要关头，毕业班老师竟然如此堂而皇之地准备自己的考试，这让他很恼火。

他压制着内心的焦虑快步找到主管教学工作的张本，当时张本正跟几个老师在开会，郭校长一脚迈进会议室，拍着桌子喊起来："还有两个月就中考，所有的毕业班老师不专心教学，却都在准备专升本考试，你这个教学副校长怎么解释？你知不知道这样做会让整个教学工作陷入瘫痪……"张本看着校长，发现他正在气头上，就呵呵一笑："郭校长，你先别急，散会后，我给你解释。"

会后，张本来到校长办公室，两人打了个赌，张本说："今年你给我定的是7个潞河中学的录取指标，我给你保证录取10个，你信吗？"

"我不信！"

"如果考不上10个，我辞职，如果考上了，你请全体初三老师吃饭。"郭来表示同意。

在后来的一次教学碰头会上，张本把立下军令状的经过告诉了全体初三教师，说了一句："你们看着办。"因为心里记着张本为他们扛下的压力，也记着张本给他们定下的目标，毕业班老师们在结束专升本考试后，便全力以赴地投入教学工作中，主动加班加点给学生补课。

2001年7月，中考成绩公布，随后，录取结果出炉，大杜社中学共有15名毕业生被潞河中学录取，拿到了全区第一名！大杜社中学也因此一炮而红，成了远近闻名的学校。

郭校长找到张本，"你小子成啊！""请客？""走！"郭校长慨然履行承诺，请全体初三教师吃了一顿大餐。从这次"打赌"开始，校长终于全面认可了张本的管理思路。

"人本管理"牛刀小试

在大杜社中学担任教导主任期间，张本除了教学管理上的创新，还注重用实际行动，用一颗尊重老师、关爱老师的心，用一腔地真诚和热情去感染人心、凝聚人心。

有一件事让当年与张本一起共事的老师们至今都倍感温暖。

那是在春节前，天降大雪，当大杜社中学的老师们都在忙着准备年货时，他们远远地就看到一个瘦高个男人赶着一辆驴车在雪地里"得得得"地走着，好像是在朝自己家的方向走来，等到走近了，他们才看清楚驴车上坐的是学校的教导主任，车上装满了各式过节礼品，张本是代表学校带着过节礼物来慰问老师的，一时间他们觉得有点惊讶，因为这在以前是从没有过的，但当看到张本真诚的笑脸时，手里拿着过年的慰问品，他们感受到了发自内心的温暖和感动。

"当时，学校唯一的交通工具是手扶拖拉机，雪天路滑没法用，所以用驴车。"

张本赶着驴车一家一家地送过去，许多老师都以为这是学校组织安排的过节慰问活动，只有几个人知道这其实是张本一个人自发组织的一次给教师送温暖行动，他的目的很简单，就是想通过这些来自生活上、工作上的关怀让老师们的心聚在一起，把大家的积极性调动起来，让大家心往一处想，劲往一处使，让大家自动自发地把教学质量提上去。

在张本担任副校长期间还发生了这样一件事，这件事从根本上改变了一个老师的命运，而身为这一事件的主角，这位老师对于当时所发生一切至今尚不知情。

当时，一位大学生本科毕业后因为找不到工作，苦闷之下一时想不开，竟要跳海自杀，好在后来被路人救了下来。一时间这件事被当作新闻传得沸沸扬扬，成了人们茶余饭后的谈资。

张本也听到了这件事，作为一个在苦难中成长起来的过来人，他深知"前路无光"的苦闷和绝望，从内心里同情这个年轻人，直觉上他觉得这个人必定很有才华，于是，他果断决定要帮助这个人，希望能把他招到学校里来任职。他首先请示郭来校长，经同意后，又先后几次到教委人事部门申请教师指标，他跟教委人事部工作人员动情地谈了自己的初衷，并把这件事的过程，以及自己的解决方案一一做了说明。后来，教委的人事被张本的执着和认真所打动，同意把这件事特事特办，并全权委托给张本处理解决。经过校务委员会，确定以公开招聘的形式，经过正式面试，将这位年轻人招聘到大杜社中学任老师。张本在做这些工作时，经多方考虑，并未告知这位年轻人自己在背后所做的这一切努力。直到现在，这位命运被改写的老师都不知道这里面的经过。

第三章 井喷(2002—2012)——巅峰时刻

从 2002 年 1 月正式担任马驹桥中学校长兼党支部书记到 2012 年被调任梨园中学校长，张本带领着这所学校的师生相伴相随走过了十年的辉煌历程。

对于张本来说，马驹桥中学有着非常特殊的意义。在马驹桥中学，他奉献了在以往岁月里所积累下的一切智慧和经验，倾注了他所有最美好的情感和梦想。他在这里度过了自己生命中最重要、最辉煌的十年，也是在这里，他实现了自己"建一所好学校，当个好校长"的梦想；同样是在这里，他从一名一线的教育工作者完全成长为一名卓越的教育管理者和领导者。

新官上任——2002 年 1 月任马驹桥中学校长

2001 年，大杜社中学一跃拿到全区农村学校第一名的好成绩，15 名毕业生考取潞河中学，大杜社中学因此一炮走红，成为人们口碑相传的"优秀校"，张本也因此成了业内红人。北京市通州区教育委员会特地来大杜社表彰视察，在视察期间，教委希望把张本这个人才提拔重用，但是，大杜社镇领导没答应，想让张本继续为大杜社中学效力。

子曰："吾十有五而志于学，三十而立，四十而不惑，五十而知天命，六十而耳顺，七十而从心所欲不逾矩。"当时的张本已是不惑之年，再加上早年间曾经受的磨难困苦，于外物更多了一份淡然的心境，很多时候都选择顺其自然，不再受外界事物所迷惑。

教委领导来过之后又离开，于张本而言并无什么变化，他还是像往常一样做着手头的工作，有的同事开始私下议论"教委领导亲自来要人，看来副校长要高升了，大杜社留不住人家了"，张本就像没有听见一样，每天照样乐呵呵地跟大家打招呼，该干啥还干啥。

2002年1月的一天，张本在潞河中学参加一个由副校长参加的德育工作会，会间休息时教工委书记找他谈话，并将一份文件推到他面前，原来是区教委的调令，调令上写着他将在下周到马驹桥中学任校长兼党支部书记职务。

张本看到这一纸调令百感交集。自1985年成为大杜社中学的一名代课教师，"办一所好学校，当个好校长"的种子就在他的身体里默默萌芽生长，让他变成一颗亟待汲取养料的树苗，不断积攒能量，成为全区教学能手，拿下高自考毕业证，从民办教师转正成为一名正式教师，学校教学成绩从全县最后几名一步步提升到全县前三名，他的管理和教学才干慢慢被发现，后来这能量之光强大到任谁都无法遮蔽，终于，在2002年，他被任命为马驹桥中学校长兼党支部书记。

这一年，张本47岁。

从2002年1月正式担任马驹桥中学校长兼党支部书记到2012年被调任梨园中学校长，张本带领着这所学校的师生相伴相随走过了十年的辉煌历程。

对于张本来说，马驹桥中学有着非常特殊的意义。在马驹桥中学，他奉献了在以往岁月里所积累下的一切智慧和经验，倾注了他所有最美好的情感和梦想。

而对于马驹桥中学来说，如果以一种历史发展的眼光来看，张本这个名字也注定是一个耀眼的存在。在这十年里，张本带领马驹桥中学从全县倒数快速崛起，一路高歌连续七年领跑，实现了"通州教育"从"东南"到"西南"的转变，在这十年里，他带领马驹桥中学从一所落后的农村中学发展成为一所现代化花园式学校，他见证了从马驹桥中学到通州区第一实验中学再到九年一贯制的马驹桥学校的转变。

张本是马驹桥中学历任校长中任职时间最长的,被公认为是马驹桥学校的总设计师。

张本为整个通州教育作出的最突出贡献是培养输出了三位正校人才,三位副校长人才以及数位优秀干部人才,他任职马驹桥学校校长期间,马驹桥中学从干部输入校转变为干部输出校,输出的三位校长被誉为"通州教育的三驾马车"。

十年时间里,马驹桥中学的每一位老师无不被他卓越的领导魅力和高尚的人格魅力,以及在用人育人上的胸怀和智慧所深深折服。从2002年到今天,他的"目标管理、人本管理、行为激励、抓大放小、统分结合、责权明确"的管理思路不仅在马驹桥学校扎根,发挥效用,而且在通州梨园中学、大杜社中学、育才学校通州分校、牛堡屯中学、甘棠中学等众多学校得以应用和发展,可以说,他以自己的智慧和奉献对整个通州教育都产生了积极而深远的影响。

倒吸一口冷气:
"这与我心目中的好学校有天壤之别!"

"我曾经有过两个梦想,第一个是在我的学生时代,梦想考上名牌大学。没想到赶上十年浩劫,第一个梦想成了泡影。第二个梦想是我当上教师以后,梦想当校长,建一所好学校。"

每个人都有自己的梦想,有的实现了,有的没有实现,但是梦想的力量是伟大的。要加入中国共产党,成为一名党员的梦想激励着张本走过在农村的那段艰难劳作岁月,要建一所好学校的梦想又激励着他在三尺讲台上埋头耕耘,数十年如一日。

因为心中有梦,他没有一刻放松过自己,更没有想过要在什么样的时间节点上歇一口气,他天生就拥有一般人所没有的坚韧和毅力,像一头蛰伏已久的狮子，在等待属于他的机会来临，然后一击必胜。

2002年，这个机会终于到来，在他教书的第17个年头，通州区教委任命张本担任马驹桥中学校长。

多年的梦想就要实现，张本是激动的，是兴奋的。在接到任命的当天晚上，他甚至没有睡着觉，整个晚上他都躺在床上翻来覆去，他为自己即将能一展抱负而兴奋不已。他在畅想未来，他似乎看到一所美丽的花园式的学校蓝图正在自己眼前徐徐展开，他的大脑一整个晚上都在高速运转，以至于天刚一亮就起床，他迫不及待地赶到马驹桥中学。

在此之前，他曾无数次在脑中描绘过马驹桥中学的模样，当然，对这所学校的大体情况他也有所耳闻，然而当他真切地站在这所学校面前时，呈现在他眼前的景象却让他倒吸了一口冷气。

2002年的马驹桥中学是通州区众多农村学校中再普通不过的一所初中校。

马驹桥中学前身为建于1956年的通县马驹桥中心小学附设初中班，马驹桥镇中心小学建校于1928年。1957年7月，同牛堡屯中学、西集中学、张家湾中学等一同成为通县新建的8所初级中学，学校名称为"通县马驹桥中学"。学校原位于马二街村凉水河畔，即北京市通州区马驹桥镇兴华街9号，也是2002年的马驹桥中学所在地址。

从1978年开始改革开放，到2002年，张本来到这所学校之前，这期间，马驹桥中学先后经历了8任校长，他们都为推动马驹桥中学的发展作出了努力和贡献。2001年，马驹桥中学教学成绩在通州区35所农村中学中排名第21名。

2002年后，马驹桥中学经历了三次变迁：

第一次变迁：2004年，在"合乡并镇"背景下，姚村中学并入马驹桥中学，有别于其他学校的合并风波，两校师生顺利实现过渡和融合，继续向前发展。

第二次变迁：2005年，马驹桥中学迁入新校址——北京市通州区马驹桥镇新海西路 88 号，更名为"通州区第一实验中学"。新校占地 56000 平方米，总建筑面积 29501 平方米，网络设施齐全，教学设施完备，教育质量上乘。

第三次变迁：2011 年 7 月，马驹桥中学增设小学部，更名为"北京市通州区马驹桥学校"。

这三次大的变迁，张本均是亲历者和推动者。

时间回到 2002 年 1 月，那是一个冬日的清晨，张本嘴边哈着热气急切地赶到马驹桥中学门口，然而展现在他眼前的一切让他有了片刻的恍惚。他不禁深吸了一口气：这所学校距离他一直以来所憧憬的"好学校"实在相差太远——校舍破旧不堪，有一部分教室还是 20 世纪 50 年代建的平房，门窗损坏严重，四面透风；时值寒冬，老师办公室里的温度低到滴水成冰，只能靠小煤炉取暖，教室里孩子们的小手冻得裂出大口子，老师们不得不戴着手套写教案；学校的教学设备异常简陋，在实验课上的一提篮瓶瓶罐罐就是全部试验仪器；教学经费少得可怜，买纸张粉笔都要找便宜的。

教师队伍参差不齐，教师严重短缺，有的学科因没有教师而不能开课，教师队伍的学历有三分之一不合格……

行走在马驹桥中学的校园里，周围的一切都在提醒张本，这所农村学校所面临的境况是有多么艰难，他同时还在掂量，要想改变当前的现状，到底需要付出多大的努力。在震撼的同时，张本意识到，在实现梦想的这条路上，注定任重道远，并无任何捷径可走。

美好的理想遭遇现实的残酷，虽然有一丝的失落，张本却没有被重重困难所吓倒。这世上有一种人天生倔强，困难越强大，反而越能激发出他体内的智慧和勇气，张本就属于这种人。面对这所百废待兴的学校，几乎是在一夜之间，张本就对她生出了一种前所未有的深刻感情，他知道，这里就是他梦想实现的地方，只要抬脚迈步，梦就会在脚下延伸。

一次倾心长谈

在战场上，一名优秀的将领在每一次战役之前必定要做的一项工作就是了解敌我双方的力量对比，正所谓：知己知彼方能百战不殆。

面对马驹桥中学的现状，自己应该如何打开工作局面？来这里报到，张本只从大杜社中学带来张刚一个人，面对全新的一盘棋，在哪里落下第一子事关全局，一招不慎，则满盘全输。

张本在做任何事之前亦不会打无准备之仗。如果把改变马驹桥中学现状当作一场战役的话，他首先要了解这个"目标对手"的过去，然后才能改变他的今天和未来。

他找到了时任学校党委副书记的侯玉巍。侯玉巍自毕业后入职马驹桥中学，从一名教课教师做起，慢慢成为教学方面的佼佼者，后被提为学校党委副书记。从入职马驹桥中学到现在，侯玉巍前后总共经历过十任校长，从这个意义上来说，侯玉巍堪称是马驹桥中学的"十朝元老"。侯玉巍任职学校党委副书记期间，主要负责教职工的生活和思想状况，包括组织各项活动，以配合教学工作。张本知道，侯玉巍应该是个举足轻重的人物，他的工作关系着学校的稳定，他对马驹桥中学的发展历程再了解不过，是马驹桥中学的"活字典"。

在2月的一个下午，张本走进了侯玉巍的办公室，在来之前，他已经通过勘察摸底大体了解了关于马驹桥中学的一些基本情况，他知道，现在是找侯玉巍的时候了，而且找他肯定没错，他也坚信这一次的谈话必定收获满满。

从下午到晚上，一个是新上任的校长，一个是这所学校的"十朝元老"，他们谈了一个问题，又接着另一个问题。关于这所学校的发展历史，目前在管理中所存在的问题，学校人事情况，未来的突破点，张本坦率相询，诚心求教，侯玉巍则不卑不亢，知无不言，言无不尽。谈到后来，侯玉巍对这位新来的校长感到越来越亲切，凭直觉，他觉得这个校长跟以往的任何一位校长都不同——这位新校长除了谈吐直率，行事干练，还透露出一种坚毅执着和不退缩。

从年龄上来论，张本要比侯玉巍大1岁，从这个"老大哥"身上，侯玉巍接收到了一种特别的热情和真诚。除了这些之外，他还明显能从张本的言语和表情中感知到一种韧性和张力，这是一种来自岁月的积淀，让人产生信任和安全感。

这期间，两人均敞开心扉，畅所欲言，侯玉巍将自己对学校发展的建议和存在问题的症结所在毫无保留地和盘托出，他这样做一是基于对马驹桥中学的责任，二是基于对张本本人的信任和期待。

从张本口中，侯玉巍也知道了一些张本过往艰辛曲折的成长路程，这让他对这位新来的校长更加心生佩服。从这一次的倾心长谈开始，曾阅人无数的侯玉巍对新校长产生了很好的印象。

后来，经历过十年共事后，他对张本这样评价："他的成长之路最艰辛，他是个能吃苦、聪明好学、上进心很强的人。张本校长虽然资历浅，但是他使用干部能把'责、权、利'落到实处。他心里装着干部，为每一位干部安排一个有利于工作、有利于干部自身发展的位子，扶上马送一程。他做到任人唯贤，不拉帮结派，不玩弄权术。对干部严格要求热心帮助，干部和他不隔心，没人怕他，但是都很敬佩他，觉得不干好工作就对不起校长。"对于张本来说，通过这次长谈，他对马驹桥学校的情况有了更深入的了解，接下来应该怎么做，要从何处着手寻求突破，他已然心中有数。

校长的难题：没米如何做饭？

处在世纪之交的中国发展事业版图上，教育是国家在着重发力的一个版块。经历多年战争洗礼和"文化大革命"后的中国教育，跟其他产业一样面临着发展上的断层。

1983年10月1日，邓小平为北京景山学校题词："教育要面向现代化，面向世界，面向未来。"这"三个面向"不仅为中国教育改革和发展指明了方向，提出了正确的战略方针，而且还为中国教育发展规定了明确的任务。

邓小平给景山学校题词并非偶然，而是国家的工作重点全面转移到社会主义现代化建设的必然结果。1982年9月1日，邓小平在中国共产党第十二次全国人民代表大会开幕词中说："把马克思主义普遍真理同我国的具体实际结合起来，走自己的路，建设有中国特色的社会主义，这就是我们总结长期历史经验得出的基本结论。"

自党的十二大以后，我国全面进入社会主义现代化建设的新时期。党和人民要完成建设有中国特色的社会主义的伟大而艰巨的任务，就必须依靠教育，而教育只有面向现代化，面向世界，面向未来，才能完成这一伟大而光荣的任务。因此，邓小平关于"三个面向"的题词是我国社会主义现代化建设事业发展的必然产物。

虽然有了明确的方向和目标指引，真正落实到具体的实施层面，却仍然存在许多问题，其中最关键一个问题是全国的教育经费问题。

由于教育经费不足，"学校缺钱"是当时大部分农村学校校长普遍面临的难题，由此导致教师工资待遇低，学校留不住人，不时有老师跳槽或者下海，老师工作的积极性普遍不高。

如何筹集到更多的资金，如何提高老师工作的积极性，是那个时代的校长都很头疼的问题。马驹桥中学是当时通州区十几所农村中学之一，初任校长的张本跟其他学校的校长一样面临着"教育经费严重缺乏"这个大难题。

当时，摆在2002年的马驹桥中学面前的几大难题都集中指向在"缺钱"的焦点上：

一、学校办学条件落后简陋。学校校舍破败不堪，门窗损坏严重，到了冬天四处漏风，对于每天要在这样的教室里完成学习和教学任务的学生和老师来说，除了遇上刮风下雨的坏天气，春夏两季相对要好过些，但一旦到了秋冬季节，每当北方凛冽的寒风吹起，或者逢下雪天气温骤降，孩子们的脸蛋都被风吹得通红，握笔的手裂开一个个小口子，一写字就疼。为了抗冻，孩子们不得不穿上厚重的棉袄棉裤，里三层外三层，一个个包裹得像大棉球。对于老师和学生们来说，冬天的学校生活其实是很苦的，实在冷到了极点，为了取暖，教师们会在办公室和教室点上煤球炉，这样的教学环境无论对于学生还是老师都是一种考验。"再穷不能穷教育"的口号虽响亮，但真到了现实层面，教育教学还是处在一种又穷又苦的境况。张本谋划着要改变这个现状，门窗要换，墙要粉刷，供暖得解决，但是要做这些事，没钱怎么做？

二、教师队伍不稳定，好老师留不住，大家工作积极性不高，人心浮动，常有老师跳槽或下海。张本详细调查了解了出现这种问题的原因，其中一个关键因素就是工资待遇太低，以致老师无法应对巨大的生活压力，这直接影响了老师的工作积极性。张本在心里盘算着，要从根本上提高老师的工作积极性，稳定教师队伍，减少骨干流失，就必须把老师的福利待遇提上去。可是，要办成这件大事，没钱怎么办？

三、教学设备实验器材奇缺。中学教学中物理、化学、地理等这些科目都需要配备相应教学设备，可是当时的马驹桥中学所有的实验器材加起来一个提篮就可以装下，没有专门的实验室，用过的实验器材随手堆放在各种杂物旁。张本计划着要尽快把这些器材置办齐全，学生们要练习动手能力，要做实验，没有器材怎么成。可是，要置办这些东西，没钱可办不了。

巧妇难为无米之炊，校长再有本事如果没米下锅，也做不出好饭来。"教育经费缺乏"是当时学校普遍面临的一个无解之难题，与今天的教育教学环境不同，如何"筹钱"，能不能筹到钱在当时往往是考验一个校长能否有所作为的前提，也是考验一所学校能否有更好出路的一大前提。

　　张本到马驹桥中学上任时，学校的可调动资金额度是负数，学校的账目显示欠债几十万。张本要想建成自己心目中的好学校不仅手头没有一分钱，还要想办法还债。

　　张本擅于抓主要矛盾。经过全面而综合的分析，他认为，要带领马驹桥中学走出困境，打开崭新的发展局面，逐步改善办学条件，第一要务就是"解决钱的问题"。

　　张本说，自担任马驹桥中学校长后，每天醒来的第一件事就是"找钱"，他还说，那个时期的农村学校校长很少有不为找钱发愁的，他们堪称"当代武训"。

　　武训是中国历史上的"千古奇丐"，他出生于1838年（清道光十八年），是中国历史上以乞丐身份被载入正史的唯一一人。武训原本没有名字，"训"是清廷嘉奖他行乞兴学时所赐，字蒙正，谥号义学正。武训最伟大最为世人所敬仰之处在于他的"行乞兴学"义举，他行乞三十八年，建起三处义学，教育了无数穷家子弟，是中国近代群众办学的先驱者，也是享誉中外的贫民教育家、慈善家。

　　张本虽自比武训，但实际上在当时的政策允许下，与其他学校的校长相比，为学校"创收"，筹集教育经费这一方面可以说是张本的一个强项。经历过时代洗礼的他，练就的就是顺势而为、随机应变的灵活机动，侯玉巍对张本的另一个突出评价是"有经济头脑"，侯玉巍认为："张本校长在马驹桥中学取得很大成就的原因之一就是启动经济杠杆这篇文章做得好！"

　　"没办法，那时作为校长，主要工作就是找钱，每年的教师节都要拜访各单位领导（目的是要点钱），请人家喝酒吃饭，赔尽了笑脸，有人就半开玩笑地说：'您又来了？'一个'又'字真让人心酸不已，当时心情难以名状。"

　　后来，经过多次碰壁，张本干脆找到了主管教育工作的镇长，前后共跑了三趟，最后，镇长实在架不住这种软磨硬泡的架势，在张本的强烈诉求之下，跟随张本亲自去了一趟马驹桥中学。

当镇长跟随张本来到马驹桥中学面前，亲眼看到学校的实际情况时，镇长十分震惊，因为在此之前，他实在没有想到这所学校的办学条件竟如此恶劣，学生的学习环境竟然差到这个地步。镇长本就热心教育，当即提出给马驹桥中学拨款 30 万元用于改善办学条件。这是张本上任马驹桥中学后筹集到的第一笔"办学资金"，接下来，学校用这笔钱办了三件事：第一，更换教室门窗，粉刷外墙。第二，购买了一辆金杯车，解决教师班车问题，且由原来每周发两次改为每天都发。第三，改造实验室，购置实验设备。

从 0 到 1：一所现代化的花园式学校是如何建成的

2002 年，有了第一次成功筹集到 30 万办学经费的经验后，张本对马驹桥中学的规划已然有了更多的想法。他一直没有忘记邓小平在 1985 年提出的"三个面向"——教育必须面向现代化，面向世界，面向未来。其中的第一个面向就是"教育必须要面向现代化"。

要办现代化的教育，首先要有现代化的办学环境和办学条件。2003 年，张本坐在马驹桥中学那间简陋的校长办公室内开始思考如何办一所现代化的学校。

在张本看来，换门窗、安排班车、改造实验室这三件事只是当时的马驹桥中学最急需解决的突出问题，除此之外，学校的电路安全没有保障，暖气也需要及时安装，教学设备极其落后急需更新……张本敏感地意识到，马驹桥学校在办学条件方面的落后通过这样的小修小补并不能从根本上得到解决。

他有一个大胆的想法，不如新建一所规模更大的新学校。他把自己的这个想法提到了镇长和书记那里，他的理由是：第一，这所学校太小了，已经无法满足周边生源增长的需要；第二，以学校目前的破败程度，已经没有改造的必要。

经过综合考虑，主管镇长刘美俊向党委书记建议，建一所新校园。后来书记、镇长想尽办法征到了85亩地，并筹措资金6000多万元，用于建设新校区。

新校区的建设将马驹桥中学带入了一个全新的发展轨道，学校因此彻底改变了办学条件，实现了跨越式发展。与此同时，张本要办一所好学校的梦想也在一步步得到实现。

2003年秋后，新校区开始启动设计，张本作为一校之长全程参与，从设计到开工再到竣工，共历时三年。

马驹桥中学新校区由中央设计院设计，他们在工程设计上虽然是专业人员，但由于在此之前并没有为学校提供设计，所以设计院并不了解学校各个教室的具体功能，在设计阶段，仅设计图纸就修改了3次，这些张本都亲自参与其中，第一版的设计图纸将学校的实验室设计在了3层，在张本的建议下，设计院将实验室改到了一层，"实验室设计在三楼是不合理的"，除此之外，礼堂和操场的设计也有过修改。

建设马驹桥学校新校区的过程实际是张本梦想的实现过程，新校区的建设就像是一个婴儿的诞生——从无到有，张本就像这个婴儿的母亲，精心孕育着新校区的建成。张本把大量的时间和精力放在了新校区的规划设计上，因为他不能辜负镇政府的信任和期望，他要把这所学校建成一所现代化的学校，所以，无论学校在投建之前，还是在建设期间，对张本来说，都有大量的新东西需要学习——他必须用前瞻性的眼光和思维去规划这所新学校，为了让新学校更科学完善，更具现代化和国际化，张本学习借鉴了国内国际先进学校的规划理念，把新学校规划为教学楼、实验楼、师生公寓，还建成了校史馆。在新校的正门特别设计了一个圆形的大型钟表，喻义时不我待，只争朝夕，劝勉全校师生惜时好学。

2004 年，新校区正式启动施工。同年 9 月，姚村中学合并到马驹桥中学，张本作为校长，两边都要兼顾，忙得不亦乐乎。

2005 年，马驹桥学校领导班子又多方筹集资金，包括亦庄经济开发区的投资，共筹到 500 万元，用于购置教学设备，初步实现办学条件现代化。

2005 年，新校终于建成并可投入使用，10 月，马驹桥中学师生迁入新校区，教委主任宋京璋亲自将马驹桥中学命名为"通州区第一实验中学"。这个名字一直沿用到 2009 年下半年"通州区第一实验中学"开设小学部之前。通州区第一实验中学成为当时通州区硬件设施最先进的学校。

2005 年 10 月 15 日，通州区第一实验中学的全体师生齐聚新校区宽阔的大操场，举行"通州区第一实验中学落成典礼"，这同时也是搬入新校区后的第一次全体师生大会，时任区委书记梁伟、区长邓乃平参观视

新校剪彩

2005年10月15日新校剪彩，时任区委书记梁伟、区长邓乃平在通州区第一实验中学

第三章 井喷（2002—2012）——巅峰时刻

察新校区并出席典礼,张本作为校方代表做了发言。站在会场主席台上,望着眼前漂亮的新校区,张本内心无比激动,一种自豪之情油然而生,他敏感地感应到,每一位在场的老师和学生也同步感受到了这种自豪和激动。

  从无到有,从0到1,一所现代化学校的最终建成绝非一朝一夕之事。

  迁入新校区后,喜悦很快被学校每年高额的运营费用的筹集冲淡。"迁入新校后,我校每年的经费需要175.5万元,而国拨经费只有17.8万元(大概是实际支出的十分之一),每年学校需要自筹169万元(水电费25万元,取暖费85万元,教师福利待遇77万元)。这个问题是阻碍学校今后发展的最大困难。"

  2006年,为解决迁入新校后学校运营经费不足问题,通州区第一实验中学引进北师大科培中心合作办学,至2008年8月共交纳租金150余万。"但这还远不能满足需求,还要我们开源节流,争取政府和社会各界的支持与帮助。"

2006年,时任通州区人大常委会主任石进贤来校视察工作

2005年，北京市政府和北京市教委启动了"北京市初中建设工程"。张本在工作日记中兴奋地写道："人的梦想都是美好的，然而要实现梦想绝非易事。我的第一个梦想破灭了，第二个梦想'当校长，建一所好学校'却因初中建设工程而变成了现实，初中建设工程就像一艘乘风破浪的巨轮载着我们驶向理想的彼岸。由此我又不禁产生了第三个梦想：当一名好校长，建一所名牌学校。随着教育事业的飞速发展，我坚信这个梦想一定会实现。"

"北京市初中建设工程"是由北京市政府决策、北京市教育委员会指挥实施的一项重大的北京市基础教育改进项目，整个实施过程历时3年至5年。这个项目是为了改进相对薄弱的初中教育、缓解百姓过热的择校要求而开展的。它采取资源整合，经费适当向办学条件困难学校倾斜的政策，努力实现教育均衡化，整体上提高北京初中教育教学水平。这个项目除了全面培训所有初中教师外，还选择出办学相对更为困难的32所学校给予重点支持。

张本敏锐地抓住了这次机遇，借助这次初中建设工程，张本办一所现代化学校的梦想终于成真。

2004年，马驹桥镇政府投资6300万元为马驹桥中学建起了占地85亩的新校区，2007年，北京市、通州区两级政府又相继给通州区第一实验中学投资900万元购置教学设备。

背着手站在校园的操场上，耳边是学生们欢快的玩闹声，眼前春风拂柳，绿意盎然，抬眼眺望远方，张本心里万分激动，一幅现代化中学的蓝图仿佛正在眼前徐徐展开！

张本对新校区的建设倾注了火一样的热情，花费了大量的时间和精力。为了搞好初中建设工程，为了建好新校园，张本全身心投入学校工作中去，经常早来晚走，甚至废寝忘食。在建设新楼期间，张本白天抓教育教学，到了晚上还要到工地查看工程进度，把关工程质量。

为了严把质量关，在整个工程建设中，张本对每一个建设项目，对需要采购的每一件设备都要精心设计，有些设备张本自己也从来都没见过，就去上网查阅，然后到厂家实地考察，向专家请教以后再制订采购计划，一个采购计划有时需反复制订好几次，有的要求上交的时间紧，学校领导班子成员就挑灯夜战。

基建项目的建设一般都安排在寒暑假期间进行，张本和领导班子就牺牲自己的休息时间，全程监理，细到每一个插座高低，每一根管线的粗细。从2004年新校区正式启动施工，到2009年初中建设工程圆满完成，这期间所有的寒暑假（除春节之外），张本几乎都是在学校度过的。那几年，张本的脸晒黑了，人累瘦了但却劲头十足。

"为了新校区的建设，我曾两次放弃出国考察的机会，奋斗在工程建设的现场。现在想起来，是责任心使然。"

张本放弃的两次出国考察的机会其中一次是2005年暑假通州区潞河中学出资特邀通州区13名初中学校校长参加的"欧洲11国游"。

2005年的暑假如往常一样夏意浓郁，马驹桥中学的学生们均已放假回家享受着这难得的自在轻松，有些学生选择在父母的陪伴下飞到国外去游玩增长见识。此时，在马驹桥中学的校园，不论教室里还是操场上都变得十分安静，老师们也大都休假在家，校园仿佛成了一处被人们遗忘的所在，只有一个身影每天不间断地出入光顾，打断这里的宁静。这个人就是校长张本。

作为校长，他深知，这个暑假以及以后的几个寒暑假他都注定要持续忙碌，因为新校区的建设正到关键阶段，另外两校合并后还有许多后续问题没有解决。

张本像往常一样一大早从家里赶到学校，先处理一些文件，然后再根据情况去施工地点转一圈，工地上此时正在热火朝天地忙碌着，张本戴上安全帽，也一头扎进工地忙活起来。在这个时刻，他已把放弃"欧洲11国游"机会的遗憾全部抛到脑后了。

由通州区重点中学潞河中学组织的这次"欧洲11国游"，共邀请了通州区13名初中学校校长，此次出国考察游学是由潞河中学出资，初衷是答谢为潞河中学输送了众多优秀生源的优秀初中学校而特别策划，出游时间安排在2005年暑假，张本在被邀请之列。接到这个邀请通知后，张本陷入了一种左右为难的情绪中，他既兴奋不已，又深感遗憾：为何偏偏是在这个时间点上？"欧洲11国游"对从未出过国门也有心思去见识一下外面的世界的张本来说还是相当有诱惑力的，可是眼看着面前要处理的一项项工作，合并后的教师队伍还不稳定，新校区的建设正处在关键阶段，左思右想，他决定放弃出国的机会，专心在学校盯工程，"当时，是一种责任心让我放弃了那次出国的机会，其实，如果把工作跟副校长交代一下，现在想来他也完全能处理得了"。张本还存着一个心思，这次出国的机会先放弃，下次他肯定还在被邀之列，只是之后潞河中学就没再举办过这样的活动。直到退休之后，年近六十岁的张本为了一偿自己走出国门看世界的愿望，自费去了一趟美国，在美国的东西海岸留

一所现代化的花园式中学初步建成

下了自己的足迹。

　　从 2007 年到 2009 年，通州区第一实验中学伴着"北京初中建设工程"的春风，大踏步走在教育现代化的大道上，学校在校长和全体领导班子的带领下，在学校整体布局、校园文化建设等方面实现了全方位的跨越式发展。

通州区第一实验中学大门

2009年教师节合影

第三章 井喷（2002-2012）——巅峰时刻

一、学校整体布局的发展

把学校校门由原来的铁栅篱换成了更加气派时尚的电动门，并本着"以人为本"的理念搭建了遮雨棚。

花费26万元扩建食堂至400平方米，极大地改善广大师生就餐环境。完成教工宿舍、办公室、实验室的装修。办公家具、设备按标准配齐，改善了教职工工作与生活环境。

完善图书馆建设，更新图书设备，购置了图书柜，添置新书2万册，扩容后的图书总量达到4万册。

学校校史馆建设完毕，将学校60余年的历史积淀展示无遗，成了教育广大师生的重要场所。

心理咨询室建设完成，配备心理咨询教师，采用现代教育方式。

投资80万元建设太阳能灯光照明系统，进一步促进学校对可持续发展战略的实施与落实。

二、全面启动校园文化建设

在教学楼、办公楼、实验楼的走廊内建立科普走廊、名人先哲生平事迹介绍、世界名胜古迹等画廊，形成系列，对学生进行思想教育和人文地理知识宣传。建设宣传橱窗260平方米以营造校园文化氛围。

2008年，在学校实施"初中建设工程"即将圆满结束之际，通州区第一实验中学代表通州区接受北京市教委检查。2009年，通州区第一实验中学被评为"北京市初中建设工程先进学校"。

经过不断优化后的第一实验中学以崭新的姿态呈现在人们的眼前，它看上去既雄伟壮观又优雅靓丽，一所具备现代化办学条件的学校已然建成。

从2002年进入马驹桥中学开始，张本就对学校的主要矛盾做出了判断，认为办学条件落后、教师工作积极性不高是马驹桥中学所面临的主要突出矛盾，因此，学校及领导班子的首要任务一是多方筹措资金搞好校园建设，提高教师福利待遇；二是大胆改革创新，采取一系列措施设法提高教师队伍的工作积极性。这一思路得到了学校新一届领导班子的认同和贯彻执行。

对于这段时间马驹桥中学的发展，张本在大会汇报中这样总结："2002年以来新一届领导班子全面出击，加强与各级领导和社会各界的沟通，多方筹措资金，用于学校建设和教工福利，2002年至2004年间，共筹集资金近百万元，装修了所有教师和办公室；购买金杯车一辆；将所有教室和办公室都安装了土暖气，购买计算机50台。2005年至2006年间迁入新校区之后，吸引资金600多万元，购置教学设备、师生食宿设备、洗浴设备、校园文化建设等，使我校的办学条件达到通州区乃至北京地区一流水平。"

除了在办学条件、硬件设施方面进行整体改善，在张本上任后的几年时间里，马驹桥中学教职工的福利待遇也得到了大幅度的提高，从2002年到2006年，先后两次提高课时费标准，由2002年前的2.3元提高到现在的5元；过节费由原来的年人均1000元，提高到1700元；教学成果奖励从无到有，学校每年要拿出70000多元对成绩突出的教师进行奖励。班主任酬金增长到月人均120元。共出资148700元为教工做校服4套（西服两套，运动服一套，夏装一套）。每年用于干部教师外出考察旅游资金约8万元。

以上几项每年需要学校自筹资金770500元。2006年，通州区第一实验中学教职工人均福利待遇已达7705元/年，比2002年前人均增加3990元（当时由于国拨经费严重不足，上述自筹的教师福利待遇是政策允许并受鼓励的）。通州区第一实验中学教职工福利待遇跃居通州区农村初中学校一流水平。

通州区第一实验中学教职工福利待遇水平的整体提升对于从根本上

改变学校教学成绩落后、教师队伍士气低落起到了至关重要的作用。这也是张本善借"经济杠杆"之力来撬动学校发展的一大体现。

学校办学条件的整体改善为通州区第一实验中学的长足发展提供了硬件上的保障，而来自管理和制度方面的改革创新才是确保通州区第一实验中学持续领先的根本保障。

两度临危受命

张本曾开玩笑说："以前条件不好，吃了很多苦，现在各方面条件都好了，我也到了退休的年龄了。"其实，危难之中，方显英雄本色，那个年代的艰难磨炼了一代人，也成就了一代人。时势造英雄，张本的一生曾多次身处困境，却均顺利突围，在看似困顿无路的迷雾中冲出一条路来，总能柳暗花明又一村，多是因为他天生有一种"化腐朽为神奇"和"点石成金"的能力。

进入教育行业后，张本曾两度临危受命，接下了在别人看来的"烫手山芋"，但张本仿佛会变魔术一般，都把它们从原本不起眼的石头变幻成了耀眼的"钻石"。

第一次是在2004年的校区合并风潮中，张本顶住压力，使合并顺利度过，给周边学校做出了榜样。2004至2005年，姚村中学与马驹桥中学两校合并，这期间新校区建设同步进行，这对张本来说，是在马驹桥学校开展工作期间遇到的又一大挑战。

对于马驹桥中学来说，2004年，注定是不平淡的一年。这一年顺应全国合乡并镇的政策要求，原姚村中学合并到马驹桥中学。当时，许多学校都面临着合并，学校合并后的过渡和发展考验的则是这个学校校长各方面的能力和水平。在教委组织的"合乡并镇"教育教学会议上，教委领导反复强调这次大规模校区合并的注意事项，指出这是机遇也是挑战，对台下的校长们寄予了殷切的希望。对于张本来说，姚村中学合并到马驹桥中学组成一个新校的确是一个考验。

张本承认，两校合并是他来到马驹桥中学，除"筹钱"之外遇到的第二个挑战。许多学校在合并后出现了这样那样的问题，有的校长因掌控不了局势被迫卸任辞职，还有的学校合并后陷入长时间的混乱，还有的因学校矛盾激化，教职工集体闹事辞职。

2004年，是张本来到马驹桥中学的第三年，如何实现两校合并后的过渡和发展问题关系着他今后工作的开展，张本深感责任重大。另一方面，在"并校"的同时，马驹桥中学新校建设还在同步进行。这的确是一个考验。

2004年9月，原姚村中学合并到马驹桥中学。当时的姚村中学拥有12个班级，400多名学生。

两个学校的合并说到底是两个领导班子、两个教师队伍的融合，而在此之前，两个团队所处的发展水平、文化环境和管理模式都全然不同。这无论对于两所学校还是对于任何两个组织都不是一件易事。

在商业的并购战中，有联想并购IBM电脑业务，优酷与土豆、阿里巴巴收购雅虎中国……这些并购案背后大都有血的经验和教训，并购的结果有成有败，其过渡整合过程，无一不是凶险万分。事实上，任何两个组织的合并重组对于操盘者来说都不是一件易事，非但不易，还往往是一个坑，能成功跳出来的只是少数。

所以，在姚村中学、马驹桥中学两校合并后的第一年，也就是2005年的中考中，马驹桥学校的总体成绩从第1名下降到了第7名。

在两校合并过程中，时任马驹桥中学办公室主任的石立耕对马驹桥全体师生帮助姚村中学师生"搬家大作战"印象深刻。

这次"搬家大作战"由张本亲自坐镇指挥，在搬家前，两个学校的领导班子详细研究具体方案，认为完全可行。两个学校的老师在这次"搬家大作战"活动当中已然产生了初步了解，初步建立了一种同事友谊，石立耕在这次活动中更是准备充分，为搬家做好了各种后勤保障工作。

石立耕说，搬家本来是一件苦差事，但是，在我们的精心筹划准备下，两校师生非常愉快地完成了这项工作，整个过程轻松快乐，对姚村中学的师生来说，更像是欢迎他们回家，让他们感受到了来自马驹桥中学师生的温暖和友谊。

在2004至2005年期间，张本所面临的压力一方面来自两校合并，另一方面来自新校区投建，两件大事同步进行，精力有限，分身乏术。而最突出的难题是显现在两校合并中。在两校合并方面，最大的困难则聚焦在两支队伍的融合上。

作为原马驹桥中学校长，如何凝聚来自姚村中学教师的力量，如何平衡两支团队，以强带弱，把他们作为一个整体提上来，是张本首先要做到的。

为了让姚村中学的老师感受到合并到新校的公平公正，张本特别注重从原姚村中学队伍中提拔干部，原姚村中学的体育老师徐新民就是被提拔到领导班子里的姚村中学干部之一。另一方面，对所有教师同等对待，不论来自马驹桥还是姚村，在张本心里全无分别，从职称评定到工资待遇统一化管理。事实上，仅这一条就已然稳定了人心，因为当时原马驹桥中学老师的工资待遇要远高于原姚村中学老师的工资，所以，合并后原姚村中学老师在待遇方面实际上得到了很大提升。

信任源于了解，公平亦源于了解。对于两个学校教师的任用方面，是张本在合并后遇到的第二个难题。合并之初，张本对于姚村中学老师在教学水平等各方面情况均不了解。

张本在领导和管理工作中最突出的一个特点是"知人擅用"，擅长结合他人的特点特长安排工作，"擅用"的前提是"了解"。姚村中学和马驹桥中学合并后，需要尽快安排好每一位老师的岗位和工作，而在不了解情况的前提随便做出安排往往无法做到"人尽其才"。

那么，如何尽快了解原姚村中学这些老师的基本情况就成了解决难题的关键。对此，张本采取了一个最直接的办法，那就是逐一听课摸底。所以，在2005年到2006年的通州区第一实验中学的教学课堂上，你能经常看到张本静静地坐在教室后排座位上认真听课的身影，他一般是在上课铃响后悄悄地走进教室，当任课老师发现后面竟然坐着校长时，张本会亲切地朝老师点点头，示意老师继续上课，在下课铃响前，当老师再看向张本的座位时，他已经溜出了教室。

张本在听老师的课之前并不特意打招呼，而是随机安排，老师们渐渐也都习惯了校长这种突然袭击的听讲方式，该怎么讲就怎么讲，这恰恰合了张本的本意。通过这一场摸底听课，张本对每一位老师的教学水平、授课风格以及每位老师的优缺点和所存在的薄弱环节都有了具体的了解。接下来要做的工作就是他的"拿手活"：物尽其用，人尽其才，把正确的人放到适合的岗位，把教学水平优秀的老师调到毕业班，对于教学方面比较薄弱的老师给予后续培训提高，给他们找师傅、结对子。

经过这一系列的调整、整顿，2006年，也就是在两校合并后的第二年，通州区第一实验中学在中考中重新坐回第一名的位置，从2006年到2012年，通州区第一实验中学（马驹桥学校）连续六年保持中考成绩第一名。

第二次"临危受命"是2012年，在张本57岁的年龄，受教委派遣调到梨园中学。之所以说是"临危受命"，是因为当时的梨园中学面临着比2002年的马驹桥中学还要复杂的问题，学生打架成风，甚至学生打老师，老师打校长，谁也不敢也不愿碰这块"烫手山药"，怕"吃不了兜着走"。在连续换了几任校长后，教委领导想到了张本。

教委亲自找张本谈话询问意见。"教委来问我的意见，所以我是可以有不同意见的，当时考虑到梨园中学离家比较近，就同意了。但是对马驹桥学校还是有很多不舍，因为跟这里的老师和同事都有感情，工作氛围也非常融洽和谐，但是没办法，教委认为梨园中学更需要我，我就去了。"

张本是这样的一种人，在别人需要的时候，张本对于别人的要求很难拒绝。接下了这个任务之后，张本对于梨园中学的情况在此之前也是有一些了解的，学校有很多历史遗留问题，人员成分复杂，彼此之间矛盾很多，内耗严重，学校的整体教学和学习氛围也较差。

等到真正走马上任梨园中学以后，张本发现学校的问题比预想的要严重，因之前频繁地更换校长，学校整体的管理处于混乱无序和不稳定状态，教师在这样的环境下也多消极怠工，学生学习状态不好，常有请假、迟到、上课打架的事情发生。

经过充分的调查了解，张本分析认为，学校里的历史遗留问题必须解决，一些捣乱闹事的工作人员已经严重影响了学校整体的运转，这个问题必须要予以解决才能从根本上扭转学校的局面，重建积极向上的良好氛围。

经过一系列的强有力的大刀阔斧的治理改革，一年后梨园中学重回正常轨道，学校呈现稳步发展的欣欣向荣风貌。两年后，梨园学校发展成为一所中等偏大学校，从 2012 年的 300 多个学生增加到 1000 多个学生，100 多位老师。2013 年 9 月，梨园中学增设小学部成为九年一贯制学校（目前，通州全区仅有 9 所九年一贯制学校，张本领导过两所）。4 年后，2016 年，梨园学校被评为"优秀校"。

两年改变一所学校，十年中考七年拿第一

2002 年的马驹桥中学在张本的带领下，很快搭建起了新一届的领导班子，新一届领导班子经过综合分析讨论提出了以"目标管理"激发教职工工作的积极性，以"人性化管理"促进学校全面发展的工作思路。

"2002 年，我被调到当时的马驹桥中学当校长，那时的学校办学条件十分简陋，破旧的平房，有的还是 1956 年所建，夏天漏雨，冬天透

风，特别是冬天取暖还要捅煤球炉子。教学设备简陋陈旧，学校资金严重紧缺，教学质量位居全区下游。"

当时的马驹桥中学教学质量落后，全区有35所农村中学，马驹桥中学的教学成绩排名第21位。老师的干劲不足，士气低迷。

面对现实，领导班子认真进行了研究，找不足定措施，提出了以目标管理激发教职工工作的积极性，以人性化管理促进学校全面发展的工作思路，并提出了中期奋斗目标：三年小变改善办学条件，教学质量达到全区中等水平；五年大变，办学条件大改观，教学质量达到全区一流水平。

目标确定后，马驹桥中学确定了两个工作重点：一手抓办学条件改善，一手抓教学质量提高。

在艰苦的条件下，要做出成绩，创造奇迹，一要强烈的目标感和方向感，二要坚忍不拔的毅力，三要超于常人的智慧，四要突破创新的魄力。

张本的一生中曾经创造过许多奇迹。在从学生下放农村后短时间内连过"三关"劳动课；从未养过猪的"猪倌"一年变成养猪状元，拿到500元的"巨额"奖金，还自学兽医，给猪针灸看病；从"兽医"转行当教师，三年拿到"优秀青年教师"称号，两年拿下高自考毕业证，在教师转正考试中，在北京市600名考生中拿到全县第一名的好成绩；在大杜社中学任副校长的两年时间，把学校由后进变先进，中考成绩创全区第一。

2002年，张本来到马驹桥中学，他把奇迹和好运也带到了这个学校。从2002年到2003年，张本用两年时间带领马驹桥中学从全区第21名冲到了全区第1名，从此，通州教育不再向"东南"看齐，而是向"西南"看齐。有一句谚语至今在坊间流传："十年前，通州教育看东南，十年后，通州教育看西南。"

从2003年马驹桥中学拿到全区第一开始，到2012年，张本从马驹桥学校离任，创下了十年时间包揽七个冠军的奇迹。

截至 2004 年暑假，姚村中学合并到马驹桥学校，马驹桥学校的教学班达 28 个，学生总数 1300 名，教职工 120 名，在岗 105 人。其中专任教师 75 名，行政后勤 30 人；专任教师中本科学历 26 人，另有 40 名在读；大专学历 47 人，中师 2 人。35 岁以下的青年教师 62 人，占专任教师总数的 82.7％，35 岁以上的中老年教师 13 人，占专任教师总数的 17.3％。

整个马驹桥学校上下呈现出一派欣欣向荣的勃勃生机：全体教职工团结协作，心往一处想、劲往一处使，爱岗敬业，追求卓越，教育教学质量逐步提高。学校秩序稳定，校风正，学风浓，学生思想健康，奋发向上，教学成绩直线上升。仅 2002、2003、2004 三届中考的及格率、优秀率、全学科及格率、平均分都超全区平均线，名列农村中学前茅。这三年共有 54 名毕业生考取潞河中学，5 名考上市内重点中学，82 名考上运河中学，79 名考取永店中学。包括平时的历次考试，教师的个人成绩超区农村中学平均数的教师达 98％以上，超全区平均水平的达 75％以上。

马驹桥学校所取得的成绩和进步得到了当地政府和百姓的赞誉，取得了良好的社会声誉。社会上出钱出物捐助学校的越来越多，居住在开发区和邻近的大兴地区的学生有很多要求转入马驹桥中学就读。这对张本来说本身就是最大的赞赏和肯定。

整个通州区教育界齐刷刷把震惊和疑惑的眼光投向马驹桥学校，许多校长不明白，马驹桥学校为何在短短的几年时间里发生了如此大的变化，有些学校开始自发组织到马驹桥学校学习取经，张本作为马驹桥中学的掌舵人亦开始频繁在教委组织的各种会议上发言，总结分享学校发展经验。

有些业界人士纳闷，到底是什么力量驱动着马驹桥中学发生了如此巨大的变化？

张本给出的答案是：靠科学的管理，靠调动教师的积极性！

确立"以人为本"的管理模式

1994年，张本靠自学通过"高自考"考试，拿到大专文凭后，又再接再厉，先后拿到了北京师范大学本科学历和首都师范大学的研究生主要课程文凭，两段学习历程学的都是管理。

张本说："我的人性化管理的理论依据来源于马斯洛的需求理论。"

"马斯洛理论"把人的需求分成生理需求（Physiological needs）、安全需求（Safety needs）、爱和归属感（Love and belonging）、尊重（Esteem）和自我实现（Self—actualization）五类，依次由较低层次到较高层次排列。

张本在学校管理中的雷厉风行和大刀阔斧的工作作风在许多人看来似乎是浑然天成，完全信手拈来，而实际上这只是表象。在作者几次相询，管理的秘诀是不是靠天赋时，张本认为，自己在管理上所取得的成绩并不完全来自天赋，更多是来自于经历和学习。

经过反复思考，作者认为，这并不是张本的谦虚之词，相比与生俱来的传奇性，他在持续学习方面的天赋给他带来的获益更大。这一点包括他身边的同事和朋友也都提到过，张本绝对有惊人的学习力、领悟力和接纳力，以及将理论融会贯通完美应用于实践并获得成功的能力。

以下是张本活学活用"马斯洛理论"，举一反三，在学校管理中的实际运用，堪称经典。

一、生理需求应用

生理需求（Physiological needs），也称级别最低、最具优势的需求，如食物、水、空气、性欲、健康。

未满足生理需求的特征：什么都不想，只想让自己活下去，思考能力、道德观明显变得脆弱。例如：当一个人极需要食物时，会不择手段地抢夺食物。人民在战乱时，是不会排队领面包的。假设人为报酬而工作，以生理需求来激励下属。

激励措施：增加工资、改善劳动条件、给予更多的业余时间和工间休息、提高福利待遇。

二、安全需求应用

安全需求（Safety needs），同样属于低级别的需求，其中包括对人身安全、生活稳定以及免遭痛苦、威胁或疾病等。

缺乏安全感的特征：感到自己对身边的事物受到威胁，觉得这世界是不公平或是危险的。认为一切事物都是危险而变得紧张、彷徨不安，认为一切事物都是"恶"的。例如：一个孩子，在学校被同学欺负、受到老师不公平的对待，而开始变得不相信社会，变得不敢表现自己、不敢拥有社交生活（因为他认为社交是危险的），而借此来保护自身安全。一个成人，工作不顺利，薪水微薄，养不起家人，而变得自暴自弃，每天利用喝酒、吸烟来寻找短暂的安逸感。

激励措施：强调规章制度、职业保障、福利待遇，并保护员工不致失业，提供医疗保险、失业保险和退休福利，避免员工收到双重的指令而混乱。

三、爱和归属感需求应用

爱和归属感需求（Love and belonging needs），属于较高层次的需求，如对友谊、爱情以及隶属关系的需求。

缺乏爱和归属感需求的特征：因为没有感受到身边人的关怀，而认为自己活在这世界上没有价值。例如：一个没有受到父母关怀的青少年，认为自己在家庭中没有价值，所以在学校交朋友，无视道德观和理性地积极地寻找朋友或是同类。譬如：青少年为了让自己融入社交圈中，给别人做牛做马，甚至吸烟、恶作剧等。

激励措施：提供同事间社交往来机会，支持与赞许员工寻找及建立和谐温馨的人际关系，开展有组织的体育比赛和集体聚会。

四、尊重需求应用

尊重需求（Esteem needs），属于较高层次的需求，如成就、名声、地位和晋升机会等。尊重需求既包括对成就或自我价值的个人感觉，也包括他人对自己的认可与尊重。

无法满足尊重需求的特征：变得很爱面子，或是很积极地用行动来让别人认同自己，也很容易被虚荣所吸引。例如：利用暴力来证明自己的强悍，努力读书让自己成为医生、律师来证明自己在社会中有存在感和价值感，富豪为了自己名利而赚钱，或是捐款。

激励措施：公开奖励和表扬，强调工作任务的艰巨性以及成功所需要的高超技巧，颁发荣誉奖章，在公司刊物发表文章表扬，为优秀员工设立光荣榜。

五、自我实现需求应用

自我实现需求（Self—actualization），是最高层次的需求，包括针对真善美至高人生境界获得的需求，因此前面四项需求都能满足，最高层次的需求方能相继产生，是一种衍生性需求，如自我实现、发挥潜能等。

缺乏自我实现需求的特征：觉得自己的生活被空虚感推动着，要自己去做一些身为一个"人"应该在这世上做的事，急需要有让他能更充实自己的事物，尤其是让一个人深刻地体验到自己没有白活在这世界上的事物。也开始认为，价值观、道德观胜过金钱、爱人、尊重和社会的偏见。例如：一个真心为了帮助他人而捐款的人；一位武术家、运动家把自己的体能练到极致，让自己成为世界一流或是单纯只为了超越自己；一位企业家，真心认为自己所经营的事业能为这社会带来价值，为了比昨天更好而工作。

激励措施：设计工作时运用复杂情况的适应策略，给有特长的人委派特别任务，在设计工作和执行计划时为下级留有余地。

马斯洛的"需求理论"在本质上与强调尊重人、满足人的"人本管理"理论同出一辙。

具体到实践的应用上，怎么把制度设计得更合理更人性化？张本开始分析过往的政策和制度为什么不成功。

经过分析总结，张本认为，学校整体氛围之所以死气沉沉是因为学校制度一味管、卡、压，管得过死。比如，在出勤上，学校要求老师每天上班签到，迟到就要扣钱。后来，领导班子经过研究决定，先从考勤上做出试验，每月给老师3次迟到的机会，一个月之后再去统计，发现老师总体迟到的次数反而少了。这说明这种制度是得人心的。张本还举了另一个例子，之前学校对教师教学的评定分A、B、C三个等级，人为规定每月要有3个C等名额，老师对此意见很大，有的老师就跟学校对着干。经过研究，新一届领导班子决定，把每月必须要有3个C等名额的规定取消，有就评，没有就不评，何必硬性评三个C等呢？这一来，大家的心气就顺了。

张本认为，用老办法不能解决新问题，所以，校长做管理不能因循守旧，必须要创新，而且要随时创新，没有创新就没有发展，不创新就会落后。

这世上最难做的就是人的思想工作

人心的向背往往关系着一场战争的胜败，关系着一个国家的兴衰，也关系着一个组织能否成事。管理就是做"人"的工作，所谓管理就是管理"人心"。在一个组织中，如果管理者能把每一个组织成员的"人心"都理顺了，让大家心往一处想，劲往一处使，何愁大事不成？

张本的"人本管理"理念认为，判断一个组织的管理是否具有生命力，是否科学合理的关键就在于它的管理是否得人心。得人心的不一定是好管理，但不得人心的一定不是好管理。

实际上，张本"人本管理""目标管理"的管理思路早在大杜社中学期间已经形成，经过实践检验，被证明是完全可行而且有效的。

虽然已有成功的经验，但到马驹桥中学后，原先的那一套并非只是简单移植照搬便可，因为两个学校的情况并不相同，新的状况意味着新的挑战。

做管理就是每天都要迎接新挑战，每天都要解决新问题，这是张本对管理的感悟之一。

当时的马驹桥中学人心浮动，教师消极怠工，有许多老师甚至故意跟学校的制度对着干，对立情绪严重，张本通过多方研究分析认为，出现这种现象的原因是学校统得太死、管得太严。虽说"没有规矩，不成方圆"，但如果规矩太多，一味管、卡、压，就会把人的积极能动性管死。限制与自由之间的度把握不好，限制太多会导致自由太少，人的潜力就无法最大化发挥。这种认识与当时社会所倡导的解放生产力的大趋势正不谋而合。

怎么做才能赢得人心，怎么把人心捋顺，将人心凝聚起来是张本在管理上面遇到的第一个难题。

"在马驹桥中学开展工作，一开始挑战还是有的。一是学校硬件条件非常不好，二是学校的软件条件，尤其是学校在两支队伍的建设上（教师队伍和干部队伍）非常滞后，集中表现在人心不齐，人员复杂，有很多的历史遗留问题。"

张本做得第一件事就是做侦察，全面摸底。通过前期的摸底调查，对学校的人员组成，所存在的历史遗留问题，学校里有哪些代表性的"消极人物"（包括好事的，喜欢告状的，和学校对着干的），张本心里已经有了一本账。接下来，怎么把人心凝聚起来，如何解决这些负能量代表人物，成了张本要攻克的一个难关。

新官上任，如何处理历史遗留问题往往是最棘手也是最复杂的，有的人选择绕着走，有的人选择迎难而上。张本认为，如果不首先解决摆在眼前的这些历史遗留问题就无法开展后面的工作，所以，他绕不开这个难题。

当年，亚历山大率领古马其顿军队，横扫欧洲来到印度。一剑斩开千年无人解开的绳结，靠的是不囿于传统，勇于创新的"思维之剑"。当每个人都在想如何用智力去解开这个绳结时，亚历山大挥动利剑直奔主题，用最基本也是最有效的方法解决了这个千古难题。

如何把学校里面存在的大量负面能量转化为正面能量？张本同样选择了最简单也是最难的一种解决方式：挨个谈心。

张本说："在所有的工作里面，人的思想工作是最难做的。"张本开始逐一找这些代表人物沟通谈心，一次不能谈到交心，就多次谈，"看人下菜碟"变着花样谈。

张本找这些人谈话，并不是抱着要改变他们的目的去谈，也不是以一种上级跟下级之间的形式去谈，而是抱着真正了解他们所思所想所需的态度去谈，在大多数时候他都是在倾听，而不是发表意见。

张本轻易不表露自己的想法，只是在听到对方疑惑苦闷之处，给予回应和支持。

许多当年曾被张本"约谈"过的人至今仍然对张本的耐心和平易近

人有着深刻的印象，他们的反馈是，跟张本校长的聊天不像是上级与下级的正式谈话，倒更像是与一个长者或朋友之间的闲谈。

"张本校长没有架子，给人一种很明显的亲切感，在他面前可以直言心中所想，而不必担心说错话。"

张本对这些人的重视和关注还体现在学校在出台一项新政策前，会先请他们谈谈想法，听取他们的意见和建议，经过这样多次真诚的真正意义上的沟通和谈心，这些学校里原来的"消极人物""负能量代表"因为感受到了校长的平易近人，同时体验到了一种前所未有的被尊重、被肯定的喜悦，纷纷"缴械投降"，变成了新政策的积极拥护者。

在2009年的教师工资制度改革中，许多学校因新旧政策的过渡不稳而发生了闹事事件，有的学校在公布新政策时，经过多次修改才最终通过，有的学校因工资改革引发教师与校长矛盾激化，事情闹大后，教委前后撤过3个校长。

马驹桥学校在面对这样的改革和变动时，继续沿用张本这种先多次充分沟通再全员表决的策略，新的工资政策经过领导班子讨论，全体教师表决，公布后在全体教代会上一次通过，没遇到任何阻力。

张本认为，出现这两种不同结果的另一个原因是"如果这项改革是让大伙都受益的政策和制度，就好执行。而只有少数人受益的政策制度，就难执行"。

除了通过设置人性化的制度和业务上的指导来调动人的工作积极性，张本还注重通过对老师进行生活上的关怀来温暖人心，对于有入党需求的，给他们提供党员入党的通道。

在生活方面有这样一个实例，当时马驹桥学校通过公开招聘招到了几位来自青海的老师，张本细心地从人员招聘表上发现了这些老师，考虑到这几位老师远离故乡，在北京没有家人的陪伴，张本就跟领导班子商量要给予他们以特别的关照，在这几位老师在学校入职上班前，提前给他们租好房子，安排好住宿，还为他们配备了电视、煤气灶等生活用

教职工代表大会

品。在这几位老师初到学校的一段时间里，考虑到他们人生地不熟，就招呼大家带他们一起去参加娱乐活动，让这些老师来到学校就有到家的感觉。

在业务的指导方面，张本对学校教职工同样给予了"随风潜入夜，润物细无声"的关怀和影响。

2003年的春天，正是草长莺飞万物生发的季节，此时，马驹桥中学的老师们比平时都要忙一些。他们在完成日常的教学工作之余，还要拿出时间来备课、练课，开动脑筋琢磨着怎么把课讲出花样来，只因为他们要为即将到来的一年一度的"春华杯"教学比赛做足准备，好在比赛中大显身手。

"春华杯"教学评比是马驹桥中学开展课堂教学评优、以赛代培的活动之一。

为进一步推动学校教研和教改工作的深入，促进教学质量的提高，同时也为青年教师提供展示才华的机会，马驹桥中学将课堂教学评优作为常规性活动，上半年举行由青年教师参加的"春华杯"评比；下半年举行由中老年教师参加的"秋实杯"评比，以教研组为单位人人参评、全员听课，评选出的优秀课在全校举行研讨课或观摩课。

在2003年的这次"春华杯"评比中，谁也不想甘为人后，每位教师都想在这样的活动中露两手，展现出自己的最佳水平。

当时担任初三数学老师的石立耕也不例外，这是她在马驹桥中学第一次参加这个比赛，她要给大家讲的课是"圆幂定理"。圆幂定理是平面几何中的一个定理，也是初中数学教学的一大重点难点。正当石立耕在办公桌前苦苦思索怎样以更生动、更具形象的形式做出精彩讲解时，校长张本大步走进了办公室，站在石立耕对面神秘地说："你跟我到校长办公室，我给你看一样好东西。"到了校长办公室，张本打开学校里那台唯一的电脑，示意石立耕过来，石立耕一头雾水地走到张本面前。

在电脑屏幕上，她看到了一组"圆幂定理"的演示动画，这才恍然大悟：原来这就是校长要给自己看的"好东西"。要知道，在当时的农村学校，计算机的使用并不普及，校长办公室的这台电脑也是学校仅有的一台电脑，那时候电脑的操作系统还是 DOS 系统。

"我真没想到张校会亲自给我找这个动画，因为动画教学在当时是很先进的，这为我的这节课增色不少。最后，我在全区'春华杯'评比中取得了二等奖。"

把学校打造成人才"锻造熔炉"，而不是"画地为牢"

在张本实施制度改革之前，让老师们普遍不满的还有一项不成文的规定：来到马驹桥中学工作的老师不允许调动，尤其是骨干老师，基本上没有被调走的希望。学校这样做的目的是防止人才流失，稳定队伍，然而，愿望与结果往往相差很远。

许多优秀的老师原本希望通过努力工作可以调到更好的学校，或者可以调动到城里，学校这项不让调动的规定一是打消了老师们的这个念头，二是也让原本积极上进的老师产生懈怠和不满情绪，工作积极性严重下降。

当了解到这个情况后，结合到自己的成长经历，张本认为，人往高处走，水往低处流，这是自然规律，也是人性使然，如果学校的制度是违背规律行事，违反人的需求法则，那这项制度必然不受欢迎，非但不能产生积极效用，还会导致负面效果。

经过与领导班子讨论后，张本在一次全体职工大会上公开表态：只要你工作表现好，业绩高，学校就同意给予调动，表现优秀的老师可以申请调到城里。但是反过来，如果你表现不好，就不放你。

这个话一说出口就等于把老师们未来的晋升渠道打通了。教师们都想以后有更好的发展前途，因为对未来充满希望，老师们工作劲头就起来了。

对于这个决定，有些干部担心这样做会导致人才流失，找到张本说出了自己的担心："这种政策会不会让好老师都走光了？"张本成竹在胸呵呵一笑，说："不用担心这个，给老师自由和尊重就相当于给他们松了绑，指明了前进的方向，让马儿不用扬鞭自奋蹄。"

"不用扬鞭自奋蹄"是张本想要的一种管理境界，至于马儿会不会跑出自己的这片小马场则并不是张本所要担忧的。他想要看到的是奔跑起来的马儿在这片马场所带来的积极效应，如果这匹马有能力跑到更大更广的马场，他甘愿为他开辟出这个通道，并且真心为他高兴。

在张本在任的十年间，马驹桥中学总共调走23位老师，有的还是张本亲自托人帮忙调走的，这调走的二十多位老师当中有三位现在是正校长，还有三位是副校长。

在这样的政策中，的确有一部分优秀的老师调走了，但马驹桥学校通过各种渠道和方式不断招聘培养人才，慢慢地马驹桥学校成了一个人才培育摇篮、干部输出基地，形成了一个"人才济济""人才辈出""百花齐放"的局面。

南宋朱熹《观书有感》中说道：半亩方塘一鉴开，天光云影共徘徊。问渠那得清如许？为有源头活水来。

张本相信，把学校打造成一个人才的"锻造熔炉"，而不是给人才"画地为牢"，学校给人才充分的发展空间，给人才自由，就是确保马驹桥学校能够"人才辈出"的"源头活水"。所以，这样的改变是顺应人性的，这种"以人为本"的管理思路也是符合社会发展规律的，也正是基于这种管理模式，马驹桥学校的人才培养和人才供应实现了良性循环。

学校十年发展历程回顾与愿景展望

一、十年历程回顾

2002年1月我被调到当时的马驹桥中学当校长，那时的学校办学条件十分简陋，破旧的平房，有的还是1956年所建，夏天漏雨，冬天透风，特别是冬天取暖还要捅煤球炉子。学校教学设备简陋陈旧，资金严重紧缺，教学质量位居全区下游（排21名）。面对现实，领导班子认真进行了研究，找不足定措施，提出了以目标管理激发教职工工作的积极性，以科学化管理促进学校全面发展。并提出了中期奋斗目标：三年小变改善办学条件，教学质量达到全区中等水平；五年大变，办学条件大改观，教学质量达到全区一流水平。

目标确定后，我们一手抓办学条件改善，一手抓教学质量提高。

【一】改善办学条件

2002年：

1. 争取资金三十余万元更换教室门窗粉刷外墙；
2. 购金杯车一辆，解决教师班车，且由原来每周发两次改为每天都发；
3. 改造实验室，购置实验设备。

2003年：

1. 更换变压器（十几万）；
2. 安装土暖气（二十万）。

2004 年：

1. 姚村中学合并到我校；
2. 筹建新学校。

2005 年：

经过校方争取，镇政府投资为我们建设了新校园，彻底改变了办学条件。实现了跨越式发展。我们又多方筹集资金 500 万元购置教学设备，初步实现办学条件现代化。

2006 年：

为了解决迁入新校后经费不足问题，引进北师大科培中心来我校办学，至 2008 年 8 月共交纳租金 100 余万元。

2007 年至 2009 年：实施初中建设工程。

1. 校门：将原来的铁栅篱换成了电动门，并搭建了遮雨棚；
2. 校园文化建设；

（1）在教学楼、办公楼、实验楼的走廊内建立科普走廊、名人先哲生平事迹介绍、世界名胜古迹等画廊，形成系列，对学生进行思想教育和人文地理知识宣传。

（2）建设宣传橱窗 260 平方米以营造校园文化氛围。

3. 食堂扩建 400 平方米（花费 26 万元），极大地改善广大师生就餐环境；
4. 教工宿舍、办公室、实验室装修；
5. 图书馆建设，更新图书设备，购置了图书柜，添置新书 2 万册，图书总数达到了 4 万册；
6. 办公家具、设备已按标准配齐，改善了教职工工作与生活环境；
7. 学校校史馆建设完毕，将我校 60 余年的历史积淀展示无遗，也成了教育广大师生的重要场所；

8. 心理咨询室的建设完成、心理咨询教师的配备和现代教育方式的使用，成为我校进行科学化、现代化教育的重要手段；

9. 太阳能灯光照明系统的建设（投资80万元），不仅为我校"节能减排，保护环境"主题教育提供了良好例证，而且进一步促进学校对可持续发展战略实施与落实；

10. 史地专用教室建设。

上述建设工程共投资近300万元，现在的校园可以说是既雄伟壮观又优雅靓丽，办学条件实现了现代化。

2010年至2011年：

1. 用两年时间投资80余万元将暖气线路进行维修并更换了散热片；
2. 增设小学部，成为九年一贯制学校，扩大了办学规模。

【二】迅速提高教学质量

为促进学校教学工作全面、快速、健康发展，立足学校实际，着重在实施科学有效的管理、加强科研工作、全力推进课程改革、不断提高教育教学质量。

1．建立和完善教学评价方案，科学评价教学工作。2002年年初，我们重新修订了原有方案，采取绝对评价与相对评价相结合、定性与定量相结合的方法，对教师工作的全过程进行评估，充分发挥了评价的诊断与导向作用，找出了差距，评出了干劲，促进了教学工作的开展；

2．运用行为激励理论，调动教师工作的积极性。2002年制订了教学奖励方案，凡期中期末考试成绩超区平均者学校颁发证书和奖金，连续两年超区平均者命名为校级优秀教师，颁发证书，奖励一级工资。在同等条件下，优先晋升职称，打破了以往评职称论资排辈的陈规，并作为评选先进的重要条件。此项制度的实行极大地调动了老师们特别是青年教师的积极性；

3. 加强校本教研工作，创造性地开展教研组活动；

4. 对青年教师进行业务培训。凡参加工作三年以内的青年教师都要进入青训班参加培训。通过对青训班学员在政治思想、师德修养、班主任工作、教学工作、科研工作等方面进行的培训，加之日常教学工作中的实际锻炼，使青训班学员的综合素质得以全方位提高；

5. 开展推优展示课活动，为教师提供一个交流学习的平台，促进教师教学能力的提高；

6. 深入开展教科研活动，培养教师科研意识，提高教师科研能力；

7. 进行系统的教育理论和业务能力培训；

8. 创造性地开展班级组活动，教师、班主任每两周一次，定期研究平行班班级学生的纪律、学习情况，研究制定改进措施。此种做法，提高了平行班教师教育教学工作的针对性，对稳定纪律差生和提高学科成绩起到了促进作用。

【三】实行人性化管理，建设和谐校园

2002年以来学校逐步实行人性化管理。

我们采取了几项措施：

1. 对老教师照顾，在师资不紧缺的前提下，男55岁、女50岁安排在后勤工作；

2. 对身体健康有问题的教师给予照顾；

3. 教师退休之前，在硬件条件允许的情况下，岗位工资涨到最高级别；

4. 对由于分工或因教师能力原因长期评不上一级的教师，履二级教师资格满15年学校给予照顾指标；

5. 对孕期和哺乳期教师给予照顾；

6. 签到制度灵活掌握，2002年至2009年间，每月准许有三次特殊情况请假，不扣钱。2010年取消签到制度。

【四】提高福利待遇

1．课时费由原来的2.3元涨至10元（2010年）；

2．福利：过节费由200元提到小节500元大节1000元并加礼品；

3．做服装共6套。

经过十年的拼搏，学校干部教师团结奋斗，拼搏进取，各项工作取得了可喜成绩，先后被评为"师德群体建设优秀校"、北京市"文明礼仪示范校"、"可持续发展教育示范校"、北京市"普通中学规范化建设达标学校"、"区级规范化建设示范校""区级教科研先进单位""区级教育质量综合评价优秀校""校本培训示范校""北京市百所广播操评比优秀校""体育工作先进校"等荣誉称号。特别是近几年我校的教学质量迅速提升，连续十年教学成绩位于通州区中学前列，取得的成绩：

1. 2002年中考进入全区前三名；

2. 2003年中考进入全区第一名；

3. 2004、2006、2007、2008、2009、2010、2011年中考进入全区第一名；

4. 2005年由于两校合并，加之忙于迁校址，中考成绩受到影响位居第7名；

5. 其他年份一直位居前三名。

回顾十年来我校的发展，令人欣慰与振奋，十年前通州教育看东南，现在通州教育看西南。马驹桥学校已经成为通州农村教育的一面旗帜。我校走到今天可以说达到了一个发展的高峰，今后将向何处去？如何发展，如何不走下坡路，是摆在每个教职员工面前的一个课题。

我们在看到成绩的同时必须看到不足，寒假前校领导班子对目前学校的现状进行了认真分析，查找不足找出问题。归结起来有如下几个方面：

【一】干部中存在骄傲情绪。认为我校中考成绩一直处于农村中学前列，其他学校想追也难。

【二】教师中部分人产生了职业倦怠。表现如下：

1. 不按时上班，经常迟到、早退。按规定教师应该在预备铃之前到校，而一部分教师在早晨八点、下午两点才到。原来为了照顾部分教师中午回家做饭，准许第四节没课的教师提前15分钟回家，现在有人上午十点、下午四点就走了。甚至没课就半天不到校，造成教务处临时调课找不到人；

2. 工作时间干私事，未经批准买菜、去银行、做理疗，一去就是半天；

3. 不按时到岗，上班时间在宿舍待着，有的两三个人一起网店购物，还有的串岗、聊天；

4. 进修无故缺勤，也不到校上班，有的坐车到了学校却不听课反而去办私事，还有人上午进修下午就不到校了；

5. 个别教师已经过了哺乳期，未经允许有课来没课就走；

6. 有的刚刚怀孕就要求学校照顾，甚至有人还没怀孕就要求照顾，理由是要养足精气神以便更好孕育胎儿；

7. 贪图安逸，不思进取。有的老师刚四十几岁就要求不教课了，理由是学校不是照顾老教师吗。

……

如果照这种状态下去，肯定要走下坡路，不出两年就会变成落后学校。

学校实行人性化管理，是出于对大家自觉性充分信任的基础上，为大家创设一种宽松的工作环境，而不是放任自流。目的是使大家心情舒畅地工作，提高工作效率。而一些人却钻空子，得寸进尺。越自由越好，不但自己工作没做好还影响了努力工作的人，逐渐形成了坏风气，现在一些人家里有事已经不请假了，而是理直气壮地命令教务主任给我调课。

　　学校实行人性化管理，作为教师应该感到幸福，在如此宽松和谐的环境里，大家应该更努力地工作。我们现在的工资在逐年提高，已经高于当地公务员，国家对教育、对教师越来越重视，今年北京市对教育的投入将达到或超过 GDP 的 4%，办学条件会进一步改善，教师工资将会大幅度提高，我们有什么理由不好好工作呢？

　　下一段时间我将对教师工作状况进行抽查，如果还出现上述情况，我们将恢复原来的刚性管理。

　　老教师都应记得，2002 年以前，学校实行早晨、下午签到制度，差一分钟到校都要扣工资，不到下班时间早一分钟走也不行。每天上下午都要查岗，上班时间不在岗的要扣工资。上班时间有事必须请假，外出时间不准超过 45 分钟。

二、今后的发展方向

【一】发展目标

　　1. 突破彼得高地，向第二个高峰冲击。a. 确保我校的教学质量在农村中学的领先地位。b. 尽快提高非中考（政、史、地、生）学科教学质量，力争今年进入优秀校行列；

　　2. 开展学校特色建设，打造品牌学校。

【二】改进工作

　　1. 干部要加强理论学习，提高政治理论水平。转变观念，勤于管理，精于管理，同时要树立服务意识；

2．严肃工作纪律，消灭职业倦怠，近期领导班子将实行查岗制度，对教师的工作状态进行抽查，如果还出现上述违反劳动纪律的现象，我们将恢复刚性管理；

3．加强所有学科教学研究，特别是非工具学科的教研急需加强。追求高效率。

结束语：

老师们，我们赶上了好时期，现在可以说是我国有史以来教育的最好时期，国家对教育的重视程度如此之高，教师待遇已经超过公务员，我们应该满足，应该感恩，感恩之后就应该努力工作，才对得起教师这个称号。希望大家好好反思，重新振作起来，让我们携起手来共同奋斗，再创辉煌。

第四章 定势——学校管理是一门科学的艺术

管理之道（一）

用人的智慧

现任育才学校通州分校校长李竹林在对张本的评价中说：张校长是领导的大家，管理的大师。这并非溢美之词。

张本在管理上的出类拔萃不止体现在培养了众多的领导干部和众多优秀的骨干教师上，也体现在他的人格魅力上，更体现在他用一套卓有成效的管理模式将三所学校引领到了一个全新的发展高度上面，实现了从"物本"管理到"人本"管理再到"文化"管理的完美过渡。

管理即用人

在张本看来，管理就是用人。

马驹桥学校在最近十几年中所创造的发展奇迹不仅体现在两年时间由全区倒数快速前进到全区第一，并且十年当中有七年拿第一，成为整个通州区初中学校校长们难以超越的目标，更体现在马驹桥学校在自身得到超越发展的同时还向外培养输出了大量的领导和干部人才，对整个通州教育的发展都产生了积极而广泛的影响。

有人才的组织才有发展势头，有人才的组织才能成事，马驹桥学校上下一心，步调一致，嗷嗷叫着向前冲，其气壮山河，其气势如虹，成为通州教育界的一颗光芒四射的璀璨明星。

龚自珍的《己亥杂诗》中写道：九州生气恃风雷，万马齐暗究可哀。

我劝天公重抖擞，不拘一格降人才。

张本在细心发现人才，大胆重用人才，放手锻炼人才，全心成就人才上的不拘一格使得马驹桥学校成为人才辈出、人才济济的人才生产和输出基地。

张本在学校领导管理上确实有一套方法，这套方法非常实用、有效、落地，尤其在怎样"用人""培养人"上确有独到之处。

那么，到底有什么独到之处呢？张本说，在如何用人、识人上主要可以总结为以下四个步骤：

第一，选定目标；第二，听取各方意见；第三，在任命之前压担子，进一步考查；第四，跟踪检查，总结经验教训。

"首先是在比较优秀的教师中筛查，选定目标后，深入教师中听取各方面意见，然后通过开展活动考察（有意识地安排负责一项组织工作），经过一段时间考察后（大约1年），如果认为合格，上班子会审议，然后报上级审批，与其谈话，并在任命之前压担子，进一步考查能力。最后经过群众评议、票选确定。其实都是常规做法，谈不上什么经验。如果非要说经验，那就是一要看准，二要多听取各方意见，三在任命之前压担子，多方面考查。"

管理即用人。用人的第一步就是发现人才，怎么发现？如何判断这个人有没有领导管理的才干？

韩愈《马说》有言：

世有伯乐，然后有千里马。千里马常有，而伯乐不常有。故虽有名马，祗辱于奴隶人之手，骈死于槽枥之间，不以千里称也。

马之千里者，一食或尽粟一石食马者不知其能千里而食也。是马也，虽有千里之能，食不饱，力不足，才美不外见，且欲与常马等不可得，安求其能千里也？

策之不以其道，食之不能尽其材，鸣之而不能通其意，执策而临之，曰："天下无马！"呜呼，其真无马邪？其真不知马也。千里马常有而伯乐不常有。

由此可见,"伯乐"的一双慧眼对于"千里马"的认定和最终能发挥作用有多重要。

许多单位的领导干部眼睛朝上,整日慨叹"良才难求",哪怕"良才"就在眼前却视而不见,都是因为缺少一双发现的眼睛。

在张本看来,好老师不一定是好干部。如何从众多教职工中发现并选拔出好干部来呢?张本采取的验证步骤是在学校举办的各种活动中,通过观察老师们的表现,有了初步判断后,再给他一项工作试验他,如果他能完成且有所创新就可以用。

张本初到马驹桥中学时,李志强是物理老师,教学成绩好,当时还担任年级组长,通过日常细心观察,张本发现老师们都佩服李志强,在一些学校组织的活动中他相当有号召力,能服众。于是,在张刚被调到张家湾中学时,张本果断提拔李志强为教导主任。

张刚是张本从大杜社中学带出来的,一开始在马驹桥中学任数学老师,后提为教务主任,张本认为张刚能举一反三,做工作有创新,有自己的思路。张本说,他喜欢用这种有自己思路的、有创新的、能举一反三的人。

2013年,张本原先的几个老部下相约一起去梨园中学看望"老校长",张本看着面前的几位青年才俊,有感而发:"咱们从马驹桥出来的这帮人干啥啥行!"这句话让在场的徐新民印象深刻。

徐新民对作者说:"这话没错,马驹桥学校改变了很多人的命运,成就了很多人的辉煌,我的许多同事回忆起来,都觉得跟张校一起共事的几年是生命中最开心、最有干劲的一段时间,我也是其中一位。甚至可以这样说,没有张校就没有我的今天,就没有今天的我,从这个意义上说,张校改写了我的一生,改变了我原来的生活轨迹。"

徐新民原本是姚村中学的一名体育老师,他是师范学校体育专业毕业,在两校合并之前,曾任化学老师、体育老师。并校后,徐新民发现,张本校长给大家开会，每次都是直奔主题，而且言简意赅，没有虚话套话，更没有废话，能用一句话说清的绝不说两句，这让徐新民眼前一亮，对这位新校长顿生好感。接触的时间长了，徐新民还发现，这个校长在开会时一本正经，没有半句多余的话，在学校里组织的各项活动中却异常活跃，话同样不多，却一句是一句，每一句话都能说到点子上，说到人的心尖上，这种本事让徐新民感到十分新奇，徐新民心里暗暗嘀咕："这人肯定学过读心术！"

然而，最让徐新民大开眼界的还是这位校长不但会"读心"，还多才多艺。据徐新民了解到的，张本校长精通下棋，会拉二胡，歌也唱得特别好，还懂书法，喜欢打台球。徐新民之所以感到惊讶，是因为他知道这位校长生于20世纪50年代，而且从长相上来看也其貌不扬，瘦高个，肤色黝黑，多年的体力劳动在他身上留下了很强的泥土气息，单从外貌上，徐新民对张本的感觉是"瘦高黑"，在性格上的印象是"低调、含蓄、有韧性"。

他唯一没有想到的是，新校长竟然如此多才多艺，堪称"全才"。新校长没有架子，整天乐呵呵的，他与喜欢下棋的老师下棋，与喜欢打篮球的老师一起打篮球，与喜欢打台球的老师相约下班一起打两局。

徐新民喜欢打台球，张本有时就主动叫上他去打两局，顺便随意聊聊，徐新民跟这位校长聊天很舒服，"张本校长比我们大多数老师都年长许多，不托大，也不世故，老师都觉得跟他之间没有距离，就像一位仁慈而宽厚的长者，在他面前不用拘束"。时间长了，徐新民就慢慢打开了心门，跟张本闲话家常，包括自己业余时间在街上摆摊的生意经也跟校长聊得起劲。

说者无心，听者有意。与下属在轻松愉快的文娱活动中打成一片，在完全放松的交往中观察他们，试验他们，分析他们，判断他们，这正是张本在用人识人上的"独门秘籍"。

当徐新民沉浸在如何搞定顾客，怎样判断市场的兴奋中时，张本冷眼旁观发现，相比体育老师，眼前的这个年轻人也许更适合做与人打交道的工作。徐新民擅于交际沟通、有经营头脑的特点张本记在了心里。

2005年，当学校正缺一位总务副主任的人选时，张本想到了徐新民。

张本找到徐新民，直奔主题："学校想让你负责一项新任务，想干吗？"当徐新民听到校长是让自己当"总务副主任"时，还是有点惊讶，因为毕竟自己现在只是一名普通老师，之前也没有干过这方面的工作，自己能行吗？校长到底怎么想的？

徐新民把自己的忧虑说了出来："我之前没干过这方面的工作，说实话，我没有把握，怕干不好。"

"试一试，如果干不好回来继续教课。我觉得你行。"

徐心民想，校长两句话替自己把退路都想好了，还有什么可担心的，就爽快地答应了。

当时，学校的食堂小卖部长期亏损，处于一种谁干谁赔钱的状态，负债累累。

徐新民接手后，食堂小卖部在开源节流上一齐下功夫，向内控制成本，向外开拓业务。因为擅长与人打交道，徐新民很快联系了周边写字楼，拿下了他们的外卖送餐业务。

几个月后，食堂小卖部扭亏为盈，开始赚钱，成为学校的一个赢利项目。看到在总务主任岗位上干得风生水起的徐新民，张本知道这个人没用错，而张本在用人上的大胆和果敢也成就了徐新民，让徐新民真正找到了自己的优势，有了用武之地。

在张本看来，做领导就是搭平台。校长负责搭台，老师负责唱戏，只有戏台搭好搭稳了，老师的"戏"才能唱得精彩。做管理就是知人擅用，了解人才，发现人才，发挥他的长处，规避他的短处，让每一位老师都能人尽其才，物尽其用。

李根，今年31岁，现任梨园学校副校长，于2009年入职马驹桥学校，时任英语老师。后来，因为"三篇文章"被张本发现，得到学校的赏识和提拔，从一名普通的英语教师逐步走上领导岗位，于2015年，成为通州教育界最年轻的副校长。

"三篇文章"事件的始末是这样的，2011年，北京市公布了"爱国、创新、包容、厚德"的"北京精神"。为进一步推广"北京精神"在教育教学领域的发扬和应用，时任北京市委领导决定选择几所有代表性的学校亲自到现场来看一看，通州区教委推荐了当时的窗口校——马驹桥学校。因为时间安排紧张，区教委临时给学校下达任务，要求马驹桥学校在一小时内提交三篇发言稿，分别从校长、老师、学生三个角度来写，主题围绕"北京精神"。

接到这一通知后，张本既兴奋又紧张，兴奋的是学校有幸可以代表通州区农村学校接受视察，紧张的是要在这么短的时间里写出三篇有高度、有思想、有新意的发言稿实在不是一件易事。张本找到了几个平日里写作水平较高的语文老师，把任务交代了下去，一个小时后，稿子交

和区领导、教师一同研讨"北京精神"主题班会

了上来，张本看了看，都不太满意，稿子要么高度没上去，要么老生常谈，缺乏新意。时间紧迫，正当张本在校长办公室急得来回转圈时，李根走进了办公室来汇报工作。在张本的印象中，这个年轻人年纪虽小，却总是一脸深沉，说话总出口成章，爱读书也爱思考，比同年龄的老师多了几分成熟，挺有想法。

张本当即叫住李根："现在有几篇稿子需要写，你能写吗？时间半小时。"张本简单介绍了文稿的要求，李根沉吟了一下："好！我试试。"

李根走出校长办公室不到半小时再次来到张本面前，把三篇稿交到了张本的手里，接到稿子的一瞬间，张本还是有点震惊的，毕竟时间太短了。当他逐篇看完后，抬头看向李根的眼睛里更是多了几分惊喜，语气中有淡淡的欣赏："写得不错！"李根笑了笑，跟张本告辞。

张本看着眼前三篇文采飞扬的文稿，能在这么短的时间里写出三篇有思想有高度的讲话稿，张本觉得这个年轻人肚子里肯定有货，是个人才。后来，在一些活动中，张本有意把一些文案处理方面的工作交给李根去完成，李根都完美地完成了工作，这进一步印证了自己的判断。

2010年年底，学校的团委书记一职出现空缺时，张本想到了李根："学校的团委书记一职目前出现空缺，你想不想来补这个缺？"一方面，李根很感激校长对自己的赏识；另一方面，自己大学专业学得是英语，英语课讲得也不错，对于张校突然安排自己任"团委书记"一职还是有点蒙圈，"张校，您觉得我合适吗？我资历浅，恐怕不能服众"。张本看着李根，呵呵一笑："我觉得你适合干这一块，放手干，遇到难题找我。"

就这样，李根在23岁的年龄从一名英语老师升职到"团委书记"。半年下来，李根惊奇地发现，自己竟然在这个职位上干得很轻松，在张本不时的指点之下，许多工作都能做得游刃有余，自己也从未遇到什么解决不了的难题。

2012年，张本被调到梨园中学当校长兼党支部书记，2013年，考虑到梨园中学急需人才，张本说服马驹桥学校校长把李根从马驹桥学校借调到梨园中学任办公室主任；2015 年，李根被提拔任于管德育工作的副校长，当时李根刚刚 30 岁，成为当时最年轻的副校长之一；2016 年，张本在退休前把李根推荐到教委办公室任副主任。

识人秘诀：细微之处观察人

在张本这张"人才诞生的流程图"上，选对人是前提。近二十年的领导管理实践验证，张本在看人识人上一向很准，那么他看人的秘诀是什么？

张本说，自己看人的"独门秘籍"是"从细微之处观察人"。

李竹林、张刚、李心强被认为是拉动通州教育发展的"三驾马车"，这三人有一个共同点：均从马驹桥学校走出，均得到张本的赏识提拔重用。在张本看来，这三人均有自己的特点和长处，他所做到的仅是看到了他们的这些长处，并充分发挥了他们的长处和优势。

张刚于 2002 年 1 月跟张本一起从大杜社中学调到马驹桥中学，最开始是数学老师，因教学成绩突出，到 2002 年下半年，被提任教导主任。关于张刚，有一件事让张本至今印象深刻。

那是 2004 年，正是暑假期间，中考成绩发布，当时学生们最早得知考试成绩的途径是通过电话查分。

那一年成绩公布的消息是在一个傍晚发出的。学生们着急想要知道自己的考试成绩，一窝蜂地赶到学校，眼巴巴地期望能第一时间查到成绩。当时的马驹桥学校只有校长室有一部外线电话，而张本此刻又不在学校，大家没有钥匙进不了屋，张刚眼看着焦急等着查成绩的学生们，急中生智找来一个梯子，爬到房顶上的通气口，拔开电话线，接了一部话机，话机接好后，张刚兴奋地冲围在梯子周围的学生喊："可以了，你们一个个报姓名和考号！"房顶的通气口离地四米多，梯子是用竹竿绑的，晃晃悠悠的，胆小的人根本站不住。天慢慢黑下来，黑暗中话机上的数字看不清楚，张刚一手拿话筒，另一只手拿手电筒，嘴里大声报着分数，"某某某，500分，下一个"！等到最后一个学生查完成绩时，张刚已经在四米高的梯子上足足站了三个多小时。

第二天，张本听说了这件事。许多人都觉得这只是一件小事，可是擅于在细微之中见真章的张本却从中看到了张刚不凡的敬业精神。

李竹林现任育才学校通州分校校长，是从马驹桥学校输出的第一位正校长。在李竹林心中，张本是"永远的师傅"。2002年，当张本来到马驹桥中学时，李竹林任学校教导主任。2004年，提任主管教学工作的副校长。刚上任副校长的李竹林就遇到了两校合并，2005年中考，马驹桥中学中考成绩没进前三，从第一名滑落到第七名，李竹林自感压力巨大，张本看到了李竹林的变化，"像霜打的菜叶一样，整天蔫头耷脑的，后来经过我反复开导才振作起来"。

张本特别找到李竹林，帮他分析原因，找出失误之处，成绩不好的原因主要是对姚村中学的教师不了解，用人方面有所不当造成的，为今后教师的任用也提供了参考，其责任不在他一人。这样也就疏解了他的压力。经过这次开导调整后，李竹林重整旗鼓，信心大增，在2006年的中考中，再夺第一名。通过这件事，张本看到了李竹林强烈的责任感和自尊心。

2002年，张本到马驹桥中学时，李志强任物理教师；2005年，李竹林提任主管教学工作的副校长后，李志强接替李竹林担任教导主任；2007年，李竹林调到大杜社当正校长时，李志强接任副校长；2015年，李志强调到甘棠中学当正校长，这所学校原先比较落后，上任第一年就翻身转变，学校教学质量拿到全区第三名；2016年年底，李志强到大杜社中学任正校长。

对这三人，张本均是一手栽培，无私馈赠，毫无保留。仅从这三个人的升迁调任上面，我们就可以看出张本在人才培养、人才结构、人才走向等方面的高瞻远瞩、深谋远虑。

用人的境界："物尽其用，人尽其才。"

张本的领导班子成员几乎一致认为，张本在管理上完全做到了"物尽其用，人尽其才"的境界。

马驹桥学校现任主管教学工作的副校长陈立军认为张校长"有卓越的领导才能，重视年轻人的培养，擅长把人的特长、能力最大化，识人善用，并擅长为他人做出人生策划"。

梨园中学原主管德育工作的副校长、现任通州区教委办公室副主任李根说："张校长在用人中经常说的一句话是：人都是不完美的，他的不足不应该是你批评他的理由，要发挥他的长处，规避他的短处。通过这一理论他培养了大批人才。张校长在对干部人才的培养和提拔上可以用八个字来形容——无私馈赠，毫无保留！"

马驹桥学校现任工会主席兼党支部副书记侯玉巍说："张校长任职马驹桥学校校长期间，学校的干部队伍建设达到了辉煌的水平，学校实现了由从外部输入干部到向外部输出干部的转变，干部结构'老中青'合理布局，形成了一个'党员带着群众跑，群众跟着干部走'的良好组织氛围。"

"在张本之前，马驹桥中学都是从外校往本校调干部，从他任职开始，学校成了往外输送干部的摇篮。张本校长使用干部能把'责、权、利'落到实处。他心里装着干部，为每一位干部安排一个有利于工作、有利于干部自身发展的位子，扶上马送一程。他做到任人唯贤，不拉帮结派，不玩弄权术。对干部严格要求、热心帮助，干部和他不隔心，没人怕他，但是都很敬佩他，觉得不干好工作就对不起校长。"

张本在管理中之所以能做到"人尽其才"的境界取决于他拥有高超

的"用人"智慧。张本用人的智慧可以从识人的艺术、用人的胆量、锻炼人的技巧、成就人的胸襟这四个方面得窥一斑。

在完成了第一步的"准确识人"后,第二步是大胆重用人才,给人才搭建平台。在这一步中,"大胆"和"重用"是两个关键词。所谓用人不疑,疑人不用。这一步与第一步和接下来的第三步环环相扣,"大胆重用人才"强调的是领导者对人才的态度,要给予充分信任和权利,让人才最大限度地发挥自己的潜力,领导者需要做的只是跟进任务的进展过程,随时监督检测,并进一步考查验证第一步的正确性,如果发现有出入,就要及时反馈纠偏。

这个监督检测与信任放权并不冲突,其逻辑关系是在信任放权的基础上给予监督考查。对于领导者来说,在决定重用一个人时,如果不敢放权则人才的潜力无法得到充分发挥,但如果完全放权,权力就会失去控制,干部的手上拥有了没有监督和评价的"权力和权利"同样不会有好的结果。

在张本的"用人流程图"上,每一个环节都有验证考查附后,换句话说,不断的验证反馈伴随着用人流程的始终。

"抓大放小"是张本在管理工作中的一大特色。他认为,作为一校之长,要善于抓主要矛盾,不越权,敢于放权。

2010年的一天,张本像往常一样在校园里转悠,当他走到一个相对僻静的角落时,看到有几个老师正在吸烟聊天,几位老师都有点尴尬,因为学校有规定不允许在校内吸烟,而且马驹桥学校正在争取成为无烟校。几位老师都有点紧张,心里开始打鼓:校长会不会劈头盖脸地骂大家一顿?这样可就惨了。正不知如何是好,张本跟老师们呵呵一笑,竟然点点头转身走了。吸烟的老师们长吁一口气,心中庆幸着逃过一通批评。没想到第二天学校教务处就张贴出了新的通知:如若发现老师、学生在校内抽烟,则每人罚款50元。

张本没有当面批评几位违规老师,他直接找到了负责这一项工作的教务主任。"这是主任应该负责的工作范围,不是我的。"张本说:"所谓抓大放小,就是校长要干校长应该干的事,不能越权,把大事办好,小事交给部下做,各司其职。"

"抓大放小"是张本在领导工作中应用得炉火纯青的一个管理思路,李竹林说,张校擅长集中优势兵力打"歼灭战",他把张本的"抓大放小"理念提炼为"管理就是做减法"。侯玉巍说:"张校长做校长很轻松,因为他很好地运用了责、权、利的分工。"敢于放权,不越权正是"抓大放小"思维下的应有之意。

第三步,继续培养锻炼是他大胆重用人才的后续步骤,张本锻炼人才的方法就是给他压担子,通过第一次压担子的试验,观察他的表现,如果可以胜任就继续加压,通过这种方式来不断将人的潜力激发出来,张本这样解释:"没压力轻飘飘,有压力才能产生动力。"

第四步是不断给人才提供上升的空间,无私地帮助他、成就他,对有需要的还要"扶上马送一程"。识人、用人、培养人的最终导向是成就人,这最终的一步关系着用人全局的走向,更是这个"人才培养流程"能否持续良性循环下去的关键。

一个心灵上高度认同的领导班子是如何炼成的?

在2002年至2012年的十年里,张本是马驹桥学校总设计师,张本对马驹桥学校所产生的影响则远不止这十年,还在继续影响这个学校的下一个十年二十年。

一个人能够对一所学校产生如此深远影响,靠的是什么?

除了形成了一套独特的管理思想和组织文化,更重要的是在任校长期间,张本培养了大批干部人才,在代际传承上实现了完美的过渡。

除了为通州教育培养出了"三驾马车",马驹桥学校还培养出了多位年富力强的管理干部。

陈立军，原姚村中学副主任，当时教两个初三班的课，到马桥中学后，主管体育、美术。2007年至2010年，提任办公室主任，负责人事管理工作，实际上是校长助理；2010年至2012年，增设小学部后，任政教处主任；从2014年到现在，任马驹桥学校主管教学工作的副校长。

马驹桥学校办公室原主任宗永强，后调到区教委基建科，现任运河中学主管德育工作的副校长。

刘永民，马驹桥学校原英语老师，2011年调任区教委研教中心通州区研修院。

李根，原马驹桥学校英语老师，2012年，被张本借调到梨园中学任办公室主任、副校长。

石立耕，原初三数学老师，2012年任团委书记，后被提拔为办公室主任。

……

在这些领导班子成员心中，校长张本是一位乐于培育他人、信任他人，愿意聆听他人、成就他人的极具人格魅力的让人敬慕的好校长。每一位领导班子成员都视张本为长辈、兄长一般亲近且值得信赖，许多干部坦言是张校挖掘出了自己的闪光点，并且成就了自己，张校是自己人生道路上的领路人，是永远的师傅……

单位里上下一心，整个团队拧成一股绳，这种组织氛围是每一位领导者都希望看到的，但能真正做到却很难，这与领导者的境界胸怀和管理艺术息息相关。马驹桥学校领导班子成员紧密围绕在张本校长周围，构成了一个和谐团结奋进的领导集体，上行下效，进而影响到的是整个学校良好氛围的养成。

在现实的组织运作中，我们经常看到的大多是下级对上级阳奉阴违，瞒天过海，互相算计，消极抵抗，内耗严重，因而当一个组织的成员之间真正可以做到赤诚相见，肝胆相照，同心协力，朝着一个目标迈进时，我们是震惊的，也是羡慕的，同时也是十分好奇的——

他们到底是怎样做到的？

你一定想知道，一个从心灵上高度同步的领导班子是如何炼成的？同样带着这个疑问，作者特地请教了张本校长，希望从这样一个卓越组织的领导者身上入手来找到这个问题的一部分答案。

作者：一个从心灵上高度同步的领导班子是如何炼成的？

张本：简单说就是以诚相待，肝胆相照。作为班长的我，不但在工作中关心每一个人，而且在生活上对他们关怀体贴，换来的是他们的真诚。时间长了就像亲兄弟一样心心相印。

作者：听上去挺简单的，但是做起来挺难的，仅不隔心一条就很难。

张本：是的，一般地说，一把手要留一手，总是防备下属篡权、越权。越是这样越引起内讧。

作者：您没有这样的担心吗？

张本：没有，心底无私天地宽，我只愿他们都比我强。

作者：当别人真的比你强了，你怎么办？

张本：我也就老了。

作者：很多领导都喜欢当领导的感觉，你的部下对您的评价中有一条，是不搞权谋，不搞权谋是因为自信吗？

张本：大家都为一个目标而共同奋斗，只不过分工不同，从这个角度来说大家都一样，何必搞权谋？

作者：理论上可以，选人很重要，就是你说的识人要准，在准确识人上有什么"独门秘籍"？

张本：你说的"独门秘籍"也就是说从细微之处观察人。

作者：怎么把人的才能最大化地发挥出来？

张本：给任务，跟踪检查，总结经验教训。

在张本看来，校长不应该是一个依赖权力的管理者，而应该是依靠魅力的领导者。人们往往不喜欢被管理，却愿意被领导。领导的角色是服务，他的定位是决定做正确的事，并动员下属做好这件事。现在的很多主管之所以在管理上陷入困境大多是因为"管得太多"而"领导得太少"，下属往往被迫服从，容易滋生反抗情绪。

到底领导力应该包含哪些素养？张本认为，应该包括赢得信任、模糊决策、卓越执行、驱动变革、发展人才。人人都能成为领导者，无论层级大小都可以训练领导力：自我领导、向下领导、平行领导、向上领导。当然，真正的领导力是在应对各种挑战的过程中逐渐形成的。

张本认为，要做一个通过成就每个人进而成就学校的校长，校长的领导就是给每位教师创造成功的机会，营造学校自由的氛围、民主的权益、个性的服务，使教师们找到定位，获得成功机会。

两支队伍的建设

张本说："当一把手关键是用人，人用对了工作就完成了大半。"张本的"人本"管理思想突出体现在对学校"两支队伍"建设的重视上。在张本担任校长的十五年时间里，研究如何用人、如何激励人一直是张本管理工作的重心。

张本到马驹桥中学后，在用人领域上的突破主要体现在两支队伍的建设上：一是领导干部队伍的建设，二是普通教师队伍的建设。

首先是加强领导班子建设，不断提高领导班子的管理水平。他尤其重视领导班子成员的选拔任用，他认为，在一个组织的团队中，20%的领导干部发挥了80%的推动任用。只有干部队伍建设好了，整个队伍才能激发出非凡的力量。

2002年1月，马驹桥中学新一届领导班子建立，张本下决心狠抓领导班子建设。第一步是选拔优秀青年教师到领导岗位，通过培训、挂职锻炼，为他们提供发展平台，促进他们健康成长。

2005年10月，马驹桥中学领导班子成员合影，他们分别是：总务副主任徐新民，教务主任李志强，总务主任窦洪才，教学副校长李竹林，党支部副书记侯玉巍，校长张本，德育副校长陈长林，政教主任张建新，政教副主任陈立军，办公室主任宗永强，团委书记石立耕。（下图照片中从左至右的顺序）

三年后，在11人组成的领导班子中，成员平均年龄为38.5岁。其中相当于研究生学历的2人，本科6人，大专3人。这个班子年富力强，富有战斗力。

其次是提高班子成员的整体素质。通过各种渠道对干部教师进行培训，促进整体素质的提高，包括组织干部学习教育理论和先进管理经验，积极参加区教委和相关组织的各种专业培训，以不断提升大家的理论水平和管理能力。

三年后，即2005年，马驹桥中学已经形成了一个凝聚力极强、团结战斗的领导核心。领导班子不但能够很好地带领广大教师搞好学校工作，

2005年10月，马驹桥中学11位领导班子成员合影，极具历史纪念意义

而且还对外输送了三位主要干部。

教师是立教之本。有高水平的教师，才能有高水平的教育。一个学校的好坏最终要看教学质量和教学成绩，而教学质量的好坏则直接取决于一线教师包括教学水平在内的综合素质的高低。

张本一向认为，教师工作积极性的提升是学校教学质量提高的关键。马驹桥中学的教学成绩从2002年的倒数后几名迅速上升到2004年的第一名，一线教师教育教学水平的整体提升是关键制胜因素。

建设一支高素质教师队伍，充分保护、调动和发挥广大教师的积极性创造性，是教育改革发展的要求，也是满足人民群众接受更好教育的需要。

那么，马驹桥中学教师队伍的整体素质是如何在短时间内迅速实现提升的？马驹桥中学是通过怎样的创新变革充分调动起全体教师的积极性的？这非常值得业内人士学习借鉴。

从张本个人层面来说，他认为，教师是太阳底下最光辉的职业，能够照亮一代又一代新人。作为一所中学校长，张本本人从内心深处尊重学校的每一位教师，他说："中华民族历来有尊师重教的传统，战国时代的荀子曾说过'国将兴，必贵师而重傅；国将衰，必贱师而轻傅'，我作为一校之长，要做的不是高高在上，而应该是为教师的成长和工作提供好的平台，为他们发挥价值做好服务工作。"

张本确实是这样做的。"学校是一个育人的场所，这个教育的对象长期以来都限定在了学生身上，往往忽视了教师的教育和培养，在我看来，教师的教育应该先于学生的教育，也要重于学生的教育，学校应该'育一切人'，包括每一位教师。"

这是张本"人本"管理思想的一项重要内容。教师来到学校后，学校就有义务对教师提供一切便利使每一位教师都能获得公平的学习提升和成长的机会。学校不应只是一个人才的汇集地，更应该是一个人才的生产基地。

马驹桥学校所采取的具体做法是：把教师队伍建设放在各项工作的首位，为教师的发展搭建平台，使有为者脱颖而出。马驹桥中学对青年教师的培养目标是：走"学习、实践、科研"的成长之路，达到"半年入门，三年过关，六年成熟"。

到2008年，马驹桥中学教师队伍整体素质大幅度提高，专业教师学历本科以上者由2005年的45%提高到88%，区级骨干教师从无到有，达到5人，一线高级教师由原来的2人增加到5人。

一、提供一切便利，全面提升教师整体素质

鼓励与支持教师进修，做到"两保证一投入"。一是保证时间，学校在安排工作、编排课程时为教师腾出时间，保证他们按时参加进修。二是保证交通：学校购置了一辆11座金杯车，专车接送进修教师。"一投入"即资金投入：对于市区两级教科研部门组织的专题培训，完全由学校出资，每年用于此项投资达几千元。

二、加强校本培训，提高整体素质

（1）成立青训班，对青年教师进行业务培训。目的是使老师具有先进的教育思想，敬业爱生，务本求实的工作态度，高尚的师德，教书育人，为人师表，有追求卓越的进取创新精神和积极探索、勇于实践的实干精神。

凡参加工作两年以内的青年教师都要进入青训班参加培训。上岗前进行三项培训：一是爱岗敬业教育，由书记负责；二是校规校纪学习，由政教主任负责；三是基本技能培训，包括如何写教案、怎样上好一节课、怎样管理学生，由教务主任负责。上岗后马上给他们认师傅，结对子，由师傅传帮带。青训班定期进行基本功培训，并经常进行说课评课活动，

通过培训，他们很快就胜任本职工作。青训班毕业的教师80%成了教学的骨干。

（2）进行系统的教育理论和业务能力培训。先后组织教师学习教育法律法规、新大纲、新课标，学习了联合国教科文组织教育丛书中的《学会生存》《教育—财富蕴藏其中》以及关鸿宇教授主编的《提高教育教学质量的策略与方法》等教育理论，进行了教学基本功培训和现代信息技术手段应用的培训。

（3）开展课堂教学评优，以赛代培。近年来我校将课堂教学评优作为常规性活动，上半年进行青年教师参加的"春华杯"评比；下半年进行中老年教师参加的"秋实杯"评比。以教研组为单位人人参评全员听课，评选出的优秀课在全校举行研讨课或观摩课，推动了教研和教改工作的深入，促进了教学质量的提高，同时也为青年教师提供了展示才华的机会。

三、走出去请进来

组织干部、教师学习先进校的管理经验和教学经验，如组织干部、教师外出学习，取人之长补己之短。请专家到学校里做报告、指导工作。如请全国劳动模范、北师大特聘教授金熙寅，做《教书育人三件宝》《走科学育人之路》的报告，请区进修学校领导给我们做教改主题报告，请教研员来校听课视导，请区老教协王慎思、王世杰等来校做以爱岗敬业为主题的报告，等等。区教委还给我们提供了不少专家报告的光盘，如市教科所梁威所长的教科研报告，王能智先进事迹录像光盘等，我们经常组织教师观看，用先进的思想和教育理念武装头脑，提高自身素质。

四、正确处理教师的"留"与"放"问题

马驹桥中学自20世纪90年代中期至2002年，几乎没有放走一个教师，想尽一切办法拴住不放，我们觉得这样不利于教师自身的发展，因而一改原来的做法，采取开放政策，只要教师找到比马驹桥中学更好的单位，我们一律开绿灯。新政策实施三年共放走了12名教学骨干，开始许多人担心，把好教师放走将来的教学质量会下降，我们认为，师资队伍就应该成为一潭活水，有进有出才是正常现象。这样才能为教师的发展铺平道路，也能使在校的青年教师看到希望。反之一味地将他们拴住不放，久之好马也就变成了劣马，光做样子不拉套。

事实证明，马驹桥中学的做法是正确的，学校放走了一批好教师，又来了一批更好的，学校的教学质量不但没有下降反而逐渐上升。现在还有不少教师要求调入马驹桥中学，形成了良性循环。

五、政治上关怀，促进青年教师成长

党支部把党小组建在年级组，每个党员联系一个积极分子，从思想、工作和生活上给予关怀和帮助。成熟一个发展一个，近三年里共发展党员13个，共有25个教师向党支部上交了入党申请。党员和积极分子队伍已经成为学校各项工作的推动力量。

管理之道（二）靠创新管理模式激活教师队伍

制度化管理是以控制人、支配人为目的的管理，总在对人进行制约和监控，在这种管理环境下，人们表现的是一种复制力而非创造力。而以人为本的人性化管理则是相对于以物为中心的管理而言的，他要求将

理解人尊重人，把充分发挥人的主动性和积极性置于管理的核心。在管理中把人当作资源主体，即"资源人"充分发挥自我潜能和自我价值。

刚柔并济的管理模式：制度化 + 人性化

在所有的管理理论中，张本应用最得心应手同时也是最符合时代和现实应用价值的是"人本管理""行为激励管理"和目标管理。

人本管理，即"以人为本"的管理模式，它不同于"见物不见人"或把人作为工具、手段的传统管理模式，而是在深刻认识人在社会经济活动中的作用的基础上，突出人在管理中的地位，实现以人为中心的管理。

具体来说，主要包括以下几层含义：

1. 依靠人——全新的管理理念。人是社会经济活动的主体，是一切资源中最重要的资源。归根到底，一切经济行为，都是由人来进行的；人没有活力，企业就没有活力和竞争力。因而必须树立依靠人的经营理念，通过全体成员的共同努力，去创造组织的辉煌业绩。

2. 开发人的潜能——最主要的管理任务。生命有限，智慧无穷，人们通常都潜藏着大量的才智和能力。管理的任务在于如何最大限度地调动人们的积极性，释放其潜藏的能量，让人们以极大的热情和创造力投身于事业之中。

3. 尊重每一个人——企业最高的经营宗旨。每一个人作为大写的人，无论是领导人，还是普通员工，都是具有独立人格的人，都有做人的尊严和做人的应有权利。企业不仅要尊重每一名员工，更要尊重每一位消费者、每一个用户。因为一个企业之所以能够存在，是由于它们被消费者所接受、所承认，所以应当尽一切努力，使消费者满意并感到自己是真正的上帝。

4. 塑造高素质的员工队伍——组织成功的基础。一支训练有素的员工队伍，对企业是至关重要的。每一个企业都应把培育人、不断提高员工的整体素质作为经常性的任务。尤其是在急剧变化的现代，技术生命周期不断缩短，知识更新速度不断加快，每个人、每个组织都必须不断学习，以适应环境的变化并重新塑造自己。提高员工素质，也就是提高企业的生命力。

5. 人的全面发展——管理的终极目标。

6. 凝聚人的合力——组织有效运营的重要保证。组织本身是一个生命体，组织中的每一个人不过是这有机生命体中的一分子，所以，管理不仅要研究每一成员的积极性、创造力和素质，还要研究整个组织的凝聚力与向心力，形成整体的强大合力。

"2002年，领导班子组建后我们首先对学校的现状进行分析，我们认为学校以前在制度化建设方面力度大，已经形成了完整的管理系统。而且管理到位，但效果却不尽人意，表现在教师干劲不足，教学质量不高，面对现实，我们把如何调动教师工作的积极性作为今后管理的中心工作。为此我们站在'三个代表'的高度，系统地学习了各种先进的管理理论，最后把'以人为本'和'行为科学管理理论'作为学校管理的理论依据，确定了我校的管理模式：制度化＋人性化，刚柔兼济。以宏伟的目标鼓舞人，以健全的制度规范人，以和谐的氛围影响人，以科学的评价激励人。"

制度化管理古已有之，大到国家，小到一个单位，没有制度，管理就无从谈起。因此，制度建设必须要有。但是学校的管理与机关和企业不同，只靠制度约束，一味地管、卡、压往往限制了教师主观能动性的发挥。教师一进学校就提心吊胆，长期下去就会导致教师消极抵触，甚至造成干群之间的对立。

在张本看来，制度化管理是以控制人、支配人为目的的管理，总在对人进行制约和监控，在这种管理环境下，人们表现的是一种复制力而非创造力。而以人为本的人性化管理则是相对于以物为中心的管理而言的，他要求将理解人尊重人，把充分发挥人的主动性和积极性置于管理的核心。在管理中把人当作资源主体,即"资源人"充分发挥自我潜能和自我价值。

对于制度化管理,张本并没有采取完全地弃之不用,而是将二者整合统一,把以人为本的思想融合到制度化管理当中,做到刚柔结合,创造了一种和谐、民主、宽松的工作和学习氛围,使生活在马驹桥中学这个集体里的每个人都相互尊重、相互理解、相互关心、相互支持,极大地调动了教师的积极性,发挥出了每个人的潜能,由原来的"要我干",变成现在的"我要干"。

"人本管理"理论强调要把"人的管理"放在第一位,以激励为主要实现方式。激励是指管理者针对下属需要,采取外部诱因进行刺激,并使之内化为按照管理要求自觉行动的过程。

激励是一个领导行为的过程,它主要是激发人的动机,使人产生一种内在动力,朝着所期望的目标前进的活动过程。

未满足的需要,才会引起动机,所以它是激励的起点。激励必须是领导者利用某种外部诱因,刺激人的未满足的需要,诱发人的"潜在的需要",一旦潜在的需要变成现实的需要,就会引起动机。在这样的机制下形成的将是一种"不待扬鞭自奋蹄"的良好组织氛围。

建立和谐的人际关系。人际关系,会影响到组织的凝聚力、工作效率、人的身心健康和个体行为。实行人本管理,就是为了建立没有矛盾和冲突的人际和谐,达成企业成员之间的目标一致性,以实现企业成员之间的目标相容性,以形成目标期望的相容从而建立和维持和谐关系。

转变管理思路,营造和谐民主的工作氛围

职场如战场,职场中人与人之间的争斗往往给组织造成大量损失内耗,这无不让组织管理者头疼万分,却束手无策。然而,在马驹桥中学

这个集体，经过近十年的管理改善，出现了一派和谐的工作氛围，每一个身处其中的人都感受到了充分的安全感、满足感和成就感，这种和谐民主的文化氛围在将组织内耗降到最低的同时，却并未丝毫减损这个组织的战斗力，大家心中拥有共同的目标和方向，所有的心力和焦点都集中在那个共同的奋斗目标上面，将马驹桥中学这个集体的所有智慧和能量集中到一处迸发出让人意想不到的力量奇迹。

马驹桥中学是如何做到的？

在严格管理的同时体现人文关怀，营造和谐民主的工作氛围。

一、变以监督为主为以指导为主

制度化管理过多地强调"统一性"和"服从性"，干部的作用主要是监督、检查，教师处于被动管理之中，而修订后的制度则侧重于指导，淡化监督，要求干部少说必须怎样做，要讲应该怎样做。

二、变以惩罚为主为以表扬与奖励为主

原制度动辄惩罚，如签到制度，不管何种原因，只要迟到，哪怕是一分钟也要扣钱，每月扣钱的条子满满一张 16 开纸。修改后的制度削弱了罚则，增加了表扬和奖励。现在，每月评选全勤奖，每学期评选师德标兵、优秀教案、最佳课堂教学、优秀论文、最佳主题班会、优秀班主任。被评为优秀者都给予精神和物质奖励，并纳入学校光荣册作为晋级、职评、评选先进的主要依据。

三、变一刀切为具体问题具体分析

如对教学要求上，原来规定必须实行层次目标教法，不论什么学科什么课型，从教案到教学过程都有固定的模式，而且要人为地将学生分

成a、b、c三组，现在根据不同学科、不同年级、不同学生推广层次目标教学、情境教学、主体参与教学以及探究式教学等，搞百花齐放，不搞一枝独秀。在启发式和因材施教原则下，只要有利于学生思维发展，哪种教法都可运用。这样就给教师留有选择的余地，有利于他们自主发展。

转变领导作风，变"官本位"为"人本位"

学校的管理活动是一种特殊的社会活动，它是通过管理者与被管理者的双向互动进行的，只有通过人与人的各种活动，管理工作的主客体才能有机地统一起来。当管理者作为受动体存在时，除了自觉地接受监督之外，应积极地与广大教职工交流取得支持，才能获得权力因素之外

2011年，以张本为首的马驹桥中学12位领导班子成员合影，同样具历史纪念意义，他们带领马驹桥中学再创辉煌！

的人格魅力。因此张本要求干部必须放下架子，深入教职工中去，不但会管理，更应会服务。要以高尚的人格感召人，以博大的胸怀团结人，以如火的热情关心人。

"人本管理"是一项系统工程，这其中的关键之一就是领导者的自律工程，上行下效，如果领导者只眼睛向下、只要求部下做到，自己却可以例外，这样的"人本管理"必然只是流于形式，喊喊口号而已。张本在马驹桥中学的领导管理生活，十年如一日，以身作则，十年里从未请过一次假，也从未迟到一次，如此的自律和坚持如何不让人心服口服，由敬生畏？

在工作中，张本从不摆"官架子"，亦不喜玩弄权术，讲话幽默，待人真诚，早年间的苦难历练沉淀下来的是自带一种平易近人的气质，在马驹桥中学的许多同事眼中，张本更像一位智慧的长者、兄长或"老大哥"，大家尊重他、信任他，只因为在张本这里人人均受到尊重和信任。

在现任马驹桥学校主管教学工作的副校长陈立军眼中，张本校长经历丰富，有非常强的领导才能，重视年轻人的培养，尤其擅长结合人的特征给人做人生规划，识人擅用。时刻不忘给予年轻人人本位关怀，工作生活兼顾，在工作之余，注重关心下属生活。

"张本校长是马驹桥中学所有校长中任职时间最长的一位，在任期间解决了很多问题。在我看来，张校长最擅长把人的特长能力最大化，让队伍心连心，培养了很多人。"

学校的管理是一项系统工程，而"人本管理"的理念强调顾及组织内的每一个人，张本在工作中擅抓主要矛盾，但同时又注重关注到学校的方方面面，关注到每一位工作人员，他把每一位教职工的工作和生活都装在心里，从而能调动各方面工作人员的积极性。

这一点从朱海滨老师职称评定的事件中可见一斑。朱海滨是马驹桥中学一名主管信息技术和电教方面的非一线老师。2009年，国家统一实施绩效工资改革后，福利和待遇向骨干教师倾斜。虽然朱海滨教师是一名有着 15 年教龄的老教师，把半生的时间和精力贡献给了学校。但是按照当时的政策，学校的教职工被硬性划分为一线教师、二线教师，分为主科教师和副科教师，朱海滨老师的工作性质决定了他只能是二线非主科教师，无法受评骨干老师，工资待遇也无法提升到一级教师的水平。

按照这种机制，对于许多像朱海滨这样的老师无疑是不公平的。张本敏锐地发现了这个问题，并意识到这种不公平现象应该得到改变，经过慎重考虑，由领导班子讨论通过，并向职评委申报，经过全体教师民主投票，将朱海滨老师的职称破格由二级升到一级，享受一级工资待遇。

自此之后，马驹桥中学设立一个制度，对于在学校有 15 年工作履历的教职工，经过综合考量，在临退休时给予破格待遇，将其岗位工资调到最高档。这项制度激励稳定了整个教师队伍，让非一线老师有奔头，看到了希望和阳光，调动了学校方方面面的积极性。

当领导就意味着你要比别人多吃亏

在马驹桥学校很多同事的眼中，张本都是一个非常有人格魅力的领导。这种人格魅力并不单指张本多才多艺琴棋书画样样精通，更多的是指张本有着高尚的人格、博大的胸怀和如火的热情。

有一次张本的大儿子张兆伟特意向张本请教如何做一名优秀的领导人，张本的回答让张兆伟有些意外："当领导就意味着你要比别人多吃亏，有了好事不能先想着自己，这样人家才会听你的，愿意被你领导。"

这个答案看似简单却是许多领导者费尽心思也参不透、做不到的，因为人人都有私心和欲望。

张本是这么说的也是这么做的。在马驹桥中学当校长期间，张本多次将"优秀教师"的名额分配给一线的骨干和干一辈子教育的老教师们，对于毕业班教师的奖金奖励也是悉数推给教师，自己则两袖清风。在这种表率示范下，张本的领导班子成员也无一例外地先把好处和名誉推给一线教师队伍，自己甘居幕后，做衬托红花的绿叶。

在张本的带领和影响下，马驹桥中学逐渐形成了这样的一种领导管理文化：

一、变发号施令为具体指导

在此之前学校的干部习惯于听汇报、搞检查，发号施令，高高在上，摆官架子，在此之后，学校每一位干部的工作职责都要求深入一线，包年级、包班级，深入年级组，深入课堂，在实时了解情况的基础上，指导教师管理学生，指导课堂教学工作。

二、强化服务意识，关心教师、职工生活

张本要求干部必须时时处处想着教师，教师有困难，学校和干部须尽力帮助解决。当时马驹桥中学新入职了几位来自宁夏和青海的教师，他们离家几千里，举目无亲，到校后，张本要求领导班子选择学校最好的房子给他们作宿舍，并出资为他们购置厨具炊具，使他们感受到家的温暖。有些教师结婚后没有住房，学校千方百计地为他们解决，解除他们的后顾之忧。逢年过节，干部要拜访老教师，向困难职工送温暖……这些一系列的要求和做法使得领导更像领导，使得管理者和被管理者之间的关系更加密切而融洽。

三、实行民主管理，虚心听取群众意见

李根对张本的一个评价是"党性很强"，确实，张本的许多管理思路都源自对党的政策的吸纳转化和再利用。民主管理是共产党一贯提倡的，

但真正落到实处却不容易。放在学校管理上也是一样，有的干部嘴上讲的是民主，实际上实行的是家长作风。张本认为学校工作效率的提升和各项改革措施的顺利实施有赖于民主管理的真正实行。几年来，张本在学校大力加强民主化进程，不断强化党支部、工会、教代会参与学校管理和监督的职能，学校每出台一项政策或制度都要征求几个部门的意见，形成草案后下发到各年级组，由组长征求教工意见，修改后再经教代会表决通过，然后颁布施行。这样几上几下制定出的规章制度真正代表了教工的意愿，而唯有代表民意的制度和政策，大家才会自觉维护，自愿遵守。

行为激励管理法

张本关于目标管理、行为激励管理思路的应用实践，早在大杜社中学期间已经得到验证。

这个管理机制的精髓要义是将学校的教学目标与每一名教师个体的行为相连接，构建激励机制，满足教师自我实现的需要，从而达成组织与个体目标的"合体"双赢。

在马驹桥中学，为了扭转落后局面，张本曾经进行了一系列大刀阔斧的改革，其中对马驹桥中学发展产生深远影响的一项改革就是教学评价的改革。

教学评价体系的改革和更新对于一所学校教育教学质量的高低至关重要。

建立和完善教学评价方案，科学评价教学工作，依据行为激励理论和目标管理理论。2002年年初，马驹桥中学重新修订了原有教学评价方案，采取绝对评价与相对评价相结合，通过定性与定量相结合的方法，对教师工作的全过程进行评估，充分发挥了评价的诊断与导向作用，找出了差距，评出了干劲，促进了教学工作的开展。

同样运用行为激励理论，2002年，马驹桥中学制订了全新的教学奖励方案——凡期中、期末考试成绩超区平均者，由学校颁发证书和奖金，连续两年超区平均者给予"校级优秀教师"称号，并颁发证书，奖励一级工资。在同等条件下，优先晋升职称，这个方案的公布实施打破了以往评职称论资排辈的陈规，并作为评选先进的重要条件。此项制度的实行极大地调动了老师们特别是青年教师的积极性。

重要岗位实行竞争上岗。马驹桥中学从2003年开始对重要的教学岗位实行竞争上岗。具体步骤是：校方定出工作指标，教师报名应聘，学校根据报名的情况择优聘用，超额完成指标的学校给予奖励，完不成任务的给予相应的处罚。目的在于使能者上庸者下，好钢用在刀刃上。

实行竞争上岗的有效性从"2003届毕业班创造奇迹"的事例中完全可以得到验证。如果按常理来推论，2003届毕业班应该是马驹桥中学近十年来最差的一届学生，因为这届学生的初一初二两年历次考试成绩均低于区均十几个百分点。

为了扭转这种局面，马驹桥中学对这一届毕业班的任职教师实行竞争上岗，这项政策给了那些具有强烈成就需要的教师提供了机会，通过竞争胜出的教师们苦干实干，全力拼搏，通过各种方法提高学习成绩。

结果2003届毕业班的中考成绩出现了奇迹：及格率超区均16.3%，全学科及格率超区均15.7%，优秀率超7.3%，平均分超22分，名列通州区农村中学前茅。

这一奇迹的发生更让张本坚信，人的潜力是巨大的，只要组织的机制和制度激励得当，就能使人的能力得到最大程度的发挥，从而创造在许多人看来不可能的奇迹。

经过这一系列的人性化管理+目标行为激励政策的实施，截至2005年，马驹桥中学从教育教学到学校工作的各个方面都发生了质的飞跃。

学校无论在硬件还是软件建设均达到一流水平，眼前的马驹桥中学，

马驹桥中学 2006 年被评为北京市百所课间操优秀校，优美的自编操

高楼林立，绿树成荫，教学条件先进，文化气息充满校园，干部教师队伍人强马壮，教育质量迅速提升，教学质量迅速提高，连续5年中考成绩优异，各方面工作取得了可喜的成绩，一个现代化的学校已初见端倪。

各项荣誉称号也纷至沓来：被区教委评为"义务教育课程改革基地校"，"师德群体建设优秀校"，获评北京市"文明礼仪示范校"、科研工作重点校、校本培训示范校、贯彻《体育工作条例》先进校、北京市"中小学百所课间操评比优秀校"、ESD科研示范校、通州区平安示范校园……

无数的实践经验证明，激励比管制更能影响人心，因为它符合人性。而一个组织的行为文化所产生的巨大力量对组织成员的影响竟是如此潜移默化，深入内心，让人惊叹！

随着马驹桥中学以激励为学校中心文化的逐渐成形，学校教师队伍的整体工作状态发生了翻天覆地的变化。与以前的工作状态低迷，教职工对学校制度消极抵触形成鲜明对比，在张本十年任期期间，学校教职工每年迟到请假的都屈指可数，每天早上七点不到，教师们已经早早赶到学校备课，直到晚上七点，老师们办公室的灯还亮着，灯下是老师为学生们补习功课的身影。

因为身体中充满了干劲，马驹桥中学的老师们都铆足了劲儿向前冲，马驹桥中学教师牺牲休息时间为学生辅导课业一时间成为一种业内新风气，让同行刮目相看。由于给青年老师搭建了一个尽情发挥、公平升迁的平台，青年教师更是将一腔热血全部投入教学工作中，青年老师中为工作推迟婚期的大有人在，还有许多教师因痴迷于工作主动放弃婚丧假。教初三毕业班的董世如老师的老父亲去世，从得知父亲病重到父亲去世，董世如老师因为心系毕业班教学正处于攻坚的关键时段，硬是顶着巨大的压力和悲痛，以一种超于常人的毅力和坚强没给学生们耽误一节课。

还有一些超出常人想象的事例，基于强烈的敬业精神，孙淑霞老师为了带完毕业班的课，竟瞒着所有人将肿瘤手术推迟了三个月；崔宏伟老师为了教毕业班，竟然自愿将一胎怀孕的小孩做了人流……这些在常人眼中看来非常超出预想的事例就这样发生在了马驹桥中学，让我们不得不感慨，一个组织的成功并非平白得来，而一个积极富有感染力的组织文化的力量竟然如此巨大……

　　马驹桥中学为教师们搭建起了一个可以放开手脚自由奔跑的宽阔赛道，在这条赛道上，人人奋勇争先，甘愿奉献，甘愿燃烧，在这样的学校文化里，每一位工作者都在快乐而充满激情地奋斗着，在这样一种组织氛围里，每一个人都有巨大的成长和进步，谁的速度稍慢反而就被甩在后面，每个人又有谁敢不拼命奔跑追赶？又有谁愿甘居人后，不奋起直追呢？

　　正因为有这样的教师，有这种精神，马驹桥中学何愁教学质量上不去？短短几年时间，马驹桥中学积极进取、团结奋进的学校文化已然形成，学校全体教职工团结协作，心往一处想劲往一处使，爱岗敬业，追求卓越，教育教学质量逐步提高，学校秩序稳定，校风正，学风浓，学生思想健康，奋发向上，教学成绩直线上升。

　　截至2004年，2002、2003、2004三届中考及格率、优秀率、全学科及格率、平均分超区均，名列农村中学前茅。三年来共有54名毕业生考取潞河中学，5名考上市内重点中学，82名考上运河中学，79名考取永店中学；平时的历次考试教师的个人成绩超区农村中学平均数的教师达98％以上，超全区平均水平的达75％以上，得到了当地政府和百姓的赞誉，取得了良好的社会声誉，出钱出物捐助学校的个人和组织机构越来越多，居住在开发区和邻近的大兴地区的学生有很多要求转入马驹桥中学就读。

　　至此，也完全可以说明：只要把人的积极性发挥出来，就会无坚不摧，无往而不胜。

第五章 思与行——现代学校教育的未来

未来，教育到底往哪个方向去？这是近几年来整个教育界都在关注的问题。与此同时，我们已经看到一个新的教育模式正在向我们走来，未来不是我们要去的地方，未来是我们正在创造的地方。

未来，教育将向何处去？

美国教育界有个很著名的"乔布斯之问"。当年，苹果公司创始人乔布斯问："为什么计算机改变了几乎所有领域，却唯独对学校教育的影响小得令人吃惊？"

他问美国教育界的人：政府对教育的投入是最多的，尤其在投入教育信息、投入教育网络、互联网的教育，加起来的钱远远超过对公益的投入、对商业的投入。但我们看到公益已经变了，商业已经变了，金融正在发生剧烈的变化。但是教育似乎还没有像我们期待的那样发生变化。这是为什么？

这个提问也引发了许多教育人的深深的思考。

人类社会自 20 世纪 90 年代初逐渐进入信息时代以来，以多媒体计算机与网络通信为标志的信息技术日益广泛地应用于人们的工作、学习与生活的方方面面，并在经济、军事、医疗等领域显著地提高了生产力，因而在这些领域产生了重大的革命性影响。但令人遗憾的是，信息技术在教育领域的应用却成效不显，对教育生产力的提升，信息技术似乎成了可有可无、锦上添花的东西，而非必不可少的东西，更谈不上对教育发展产生革命性影响，教育信息化大投入却没有大产出。著名的"乔布斯之问"，提出的就是这个问题。

美国前教育部长邓肯的回答是：一个很重要的原因就是学校没有发生变化。学校没有发生真正意义上的重构，所以教育很难重构。

那么，未来的学校教育究竟应该怎么变？业界人士总结认为有以下几种可能性：

学校会成为学习共同体，不再是一个一个孤立的学校而存在；

学生开学和毕业没有固定的时间；

学习的时间弹性化；

教师的来源和角色多样化；

政府采购教育服务和学习者付费学习将并存；

学习机构一体化，学校主体机构与网络教育彻底打通；

网络学习更加重要。未来学习将更多在网上实现，互联网会更加社区化，线上线下的学习是相互结合的。

游戏在学习中发挥更加重要的作用。《游戏让学习成瘾》这本书中介绍很多理工类的大学课程已经游戏化，用游戏的方式学习，用挑战的方式来学习，今后将成为重要的可能。

学习内容个性化、定制化。在现行的教育体制下，几乎所有的人都为了进最好的大学而学习。在这个标准下，只有少数人是成功者，大部分人都是失败者。未来的学习标准会进一步差异化，未来的学习内容会更个性化和定制化。

考试评价从鉴别走向诊断，走向家校合作共育。现在的考试评价是选拔性的，未来的考试评价将是诊断性的，大数据将记录整个学习的过程，记录学习者在哪些方面、在哪个点上有问题，然后它给你提供技术的支持，它更多是做诊断而不是做鉴定。未来家庭在学习中将发挥更加重要的作用，不管怎么样，一个人的行程主要在家庭当中，这是很重要地对教育理念的颠覆。未来教育将依靠心理学、依靠科学重新发现家庭和父母在教育中的意义和影响。

未来的课程设置将发生结构性的变化，现在我们的课程是以知识体系为中心的，整个课程是知识螺旋式上升的过程。教育是为生命而存在的，是为了让生命更美好。最好的教育是帮助人发现自己、成就自己。

思者无域，行者无疆。身为一名资深教育人，张本一直都坚持着对教育真谛的探寻，一直都在不断地创新中引领前行，他本人从来不愿因循守旧。从踏入教育行业那一刻起，他从未停止过思考，也从未有一日停止过学习和改变的脚步。

20世纪70年代，《学会生存——教育世界的今天与明天》一书出版，此书是被世界教育界公认的当代教育思想发展历程中的里程碑式的著作，是供联合国教科文组织及各会员国在制定教育策略时参考的一份报告。它是由以前法国总理、教育部长埃德加·富尔为首的一个聚集了各国著名教育专家组成的小组，对苏联、美国、阿尔及利亚、新加坡、瑞典等23国以及联合国系统内有关组织进行了调查，并研究参考了大量文献后，于1972年5月写成。

这个报告系统总结了发展中国家和发达国家教育的现状，对教育在现代社会中的重要作用给予充分的重视。它指出："现在，教育在全世界的发展正倾向先于经济的发展，这在人类历史上大概还是第一次。现在，教育在历史上第一次为一个尚未存在的社会培养着新人。有些社会正在开始拒绝制度化教育所产生的成果，这在历史上也还是第一次。"该书使得学习化社会、终身教育、终身学习、学会学习的理念在全球范围得以推广和传播，取得了世界范围内的广泛认可和赞同。世界各国都将这四个概念所蕴含的理念作为本国教育改革的指引。

张本认为《学会生存——教育世界的今天与明天》这本书为整个教育指引了方向，对他的教育理念的变革产生了重要影响。

张本第一次接触这本书是在2002年举办的一次校长培训班上，除了《学会生存——教育世界的今天与明天》，还有《从现在到2000年教育内容发展的全球展望》一书均作为培训班上的学习教材，张本对这两本书进行了认真的研读，从中获益良多，"这本书为教育指明了方向，作为校长应该认真阅读并用于教育实践"。

书中的一句话让张本尤其印象深刻:"教育应扩展到一个人的整个一生,教育不仅是大家都可以得到的,而且是每个人生活的一部分,教育应把社会的发展和人的潜力的实现作为它的目的。"

通过这次培训以及由此带来的思考,张本决定将"终身教育"作为自己的一个重要教育理念。

他认为,随着社会信息化时代的到来,"终身学习"成为人促进自身发展和社会发展的一种必然选择。而作为终身教育重要组成部分的学校教育,就要从小培养学生终身学习的观念和浓厚的学习兴趣,帮助学生掌握科学的学习方法,形成自主创新性学习的能力,这是实施素质教育的灵魂,是未来人才的基本素质。

学会学习、学会生活、学会做事、学会生存是《学会生存——教育世界的今天与明天》报告中提出的教育的四个支柱。其核心是学会生存,报告中认为,唯有全面的终身教育才能够培养完善的人,人们再不能刻苦地一劳永逸地获取知识了,而需要终身学习如何去建立一个不断演进的知识体系。书中指出:教育的使命就是使人学会生存。要把着眼点从教育转向学习,从外部的"教"转向内在的"学",借以充分发掘每个人的所有潜力和才能,以适应未来、创造未来。这与张本在大杜社中学任教师期间所领悟的不谋而合!

通过系统的学习,张本敏锐地感觉到,传统的教育方式、教育手段、教育内容、教育目的已不能适应未来社会的要求、科技发展的挑战、社会公害的威胁。这要求所有的教育工作者应以生存教育为重点,把教育当作一个长期发展的工作来看待。

"学会生存"成为教育工作的一个热点问题。而现实生活中这样的新闻屡见不鲜:一位在北京某高校的硕士生,因为论文未被导师通过,觉得无颜见人而跳楼自杀身亡;一名成绩优异的大学毕业生,因面试不合格未被录用为公务员,便心存不满而持刀闯入政府办公室,杀害了招考人；一个正处于花季的中学生，因被老师批评了几句而服毒自尽……人们不禁要问：现在我们的孩子究竟怎么了？为什么这么不堪一击？这也是张本在从事教育活动中所面临的一大困惑。

张本对《学会生存——教育世界的今天与明天》提出的"学会学习、学会生活、学会做事、学会生存，是教育的四个支柱"非常认同。在经过慎重全面的思考后，结合当下的社会发展环境和教育现状，张本将"拥有健全的人格，学会做人，学会做事，学会生存，学会合作"作为马驹桥学校学生培养的方向和目标。

张本认为，学校要做的教育不仅是面向学生的智力开发和知识传授，更应该包括人格的教育、生存的教育、与人相处的教育，让学生学会三个相处：与自然的相处、与社会的相处（包括与他人的相处）、与自己的相处。

"人永远不会变成一个成人，他的生存是一个无止境的完善过程与学习过程。人和其他生物的不同点主要就是由于他的未完成性。事实上，他必须从他的环境中不断学习那些自然和本能所没有赋予他的生存技术。为了求生存和求发展，他不得不继续学习。"

学校为什么而办学

天道酬勤，思者常新。教育是否适应于社会发展需要，是否符合个人的愿望、态度和希望，是判断是否是好教育的两大关键因素。对于学校来说，学校的任务不仅是发现人的才能，训练它们和推动它们，学校更承担着培养人的性格和态度的重任。

教育界经常说的一句话："一个好校长就意味着一所好学校。"这句话不无道理，从中我们也不难看出一个校长对一所学校的影响力有多大。

那么何为好校长呢？张本认为：一个"好校长"应该具有正确的办学思想、全新的教育理念、科学的育人方略。

关于办学思想的概念，人们有着不同的看法。一种看法认为，办学思想是指校长办学的目的、办学标准、办学模式和方法、策略等。另一种看法认为，校长办学就是办教育，所以校长的办学思想就是教育思想。

在张本看来，两种看法都有道理，但又都有片面性，把二者结合起来，应该能够更准确地表达办学思想的含义。他认为，校长的办学思想其核心应是校长的教育思想与管理思想，在此基础上形成一系列以办学目的为中心的办学方略。换句话说，校长的办学思想应集中体现为什么而办学，办成什么样的学校，培养什么样的学生，怎样办好学校等。

2002年，在马驹桥中学的校长办公室，张本亲笔写下了"一切为了祖国富强，一切为了学生发展"十六个大字作为马驹桥中学的办学理念，做成牌匾挂在了学校教学楼的宣传区，历经十五年的风云变幻，直到今天，这幅标语仍然醒目地挂在马驹桥学校新校区学校入口区和主办公楼的墙上，所有进出学校的老师、学生以及来访的客人、领导抬头便能看到。

"一切为了祖国富强，一切为了学生发展"完美地融合了教育的社会意义和个体意义，也完美地涵盖了教育需要解决的三大问题：人与自然、人与社会、人与自己。这个教育理念在今天看来仍然是与时俱进的，先进的，富有前瞻性的。

育人观："学校的一切工作都是为了育人，育一切人。"

"教育是崇高的社会公益事业"，学校是培育人才的重要基地，是育人的摇篮，学校的一切工作，最终都是为了促进人的发展，为人的发展服务。育人为本，是全体教育工作者的基本信念，更应该是校长办学思想体系中的核心内容。

张本认为，学校的一切工作都是为了育人，而且是育一切人。过去，一提育人，往往只考虑培育学生，然而，学生由谁来育呢？没有高素质的育人者，又怎能育出高素质的学生呢？作为一校之长，首先要育好自己的干部教师，然后，才能通过干部教师育好自己的学生。育人重在育师，学校育人工作年年抓，而育人效果年年不佳，其最根本原因，就是在育人过程中忽视了对育人者自身的教育。

改革开放以来，我们的学校无论在办学条件还是教师待遇方面都得到了很大的提升，一方面干部、教师的经济意识进一步提高，学校的教学条件及教学设施日益先进，教育方法、教学手段也进一步丰富。但是在硬件得到全面提升的同时，在教风师德建设方面却没有得到相应的提升，教师无偿奉献精神越来越少，以身作则、率先垂范、任劳任怨、事业心、使命感等原本良好的教学风气却逐渐下降，许多育人者变得表里不一，言行不一，职业道德精神严重滑坡，育人者的做人准则逐渐淡化，乃至扭曲。

近些年常常曝出有些教师的负面新闻，甚至是丑闻，虽然只是某些个体行为，却对整个教师群体带来了不好的影响。

面对这些问题，作为学校领导者和管理者的校长往往也感到非常为难，甚至束手无策，更多地采用奖金、补助、福利等手段来刺激教师的育人积极性，使育人工作走入恶性循环的死胡同。

在张本看来，面对这种现状，相比学生，教师反而是更需要学校再教育的对象，没有好的教师如何能教出好的学生？如果整个教师群体的思想和动机都出了偏差，那么又如何保证学校教育方向的正确性和有效性？

"即便在经济社会，金钱也不是万能的，传统的思想政治工作也不是万能的。"

那么，如何才能提高干部、教师的育人积极性呢？这是近几年张本在苦苦思索却难以找到完美答案的一个难题。

他觉得，即便是在以前非常有效的心理学家们所研究出来的种种"需要"理论也未必能够完全解决这个问题，因为这是社会性的问题，光凭书本理论是不可能完全解决的。

"要解决这个问题，应该是一个系统的自上而下的工程，应该首先解决教师'做人'的问题，再通过严格的立法、立规，再辅助以行之有效的思想工作，通过校长的率先垂范与智慧，通过全社会的努力，才可能逐步改变育师育人的现状。要解放学生，先要解放教师，尊重教师的创造性劳动，为教师创造主动多样发展的机会。在工作实践中帮助教师转变观念，不断提高自身的素质水平。"

教师观："教师应做真人，但真人不是完人。"

教师是文化的承传者，是人类历史发展链条上的纽带，是学生发展成长的引导者和促进者，教师是教育过程中的主体之一，是学校完成教育任务的主要依据对象。

教师是人师，也是经师；教师是人而不是神，教师应做真人，但真人不是完人。张本经常对领导干部说得一句话是：人都是不完美的，他的不足不应该成为你批评他的理由，作为领导，你应该做的是发现他的优点，发挥它的长处，激发他的潜能，扬其长而避其短。通过这一理论，张本培养了大批人才。

张本认为，作为校长，要充分相信教师，给老师以信任、理解、帮助和尊重。在担任校长之前，张本曾经做过十年的教师，所以他从内心深处理解教师、尊重教师、信任教师。

他坚信：没有一个教师不想教好自己的学生，而只要努力，每一位教师都能教好自己的学生。张本校长在尊重、信任、帮助老师上做了大量的工作，也正是基于这份信任和尊重，急人所难，感同身受，张本与学校许多老师建立了亦师亦友的情谊，教师们打心底敬重爱戴张本，感激张本。这也正是张本一心装着教师的自然反馈。

一方面张本信任、关心、爱护教师，另一方面又对教师严格要求，督促上进，鞭策他们不断取得进步，收获成功。

什么样的教师才是好教师？这在社会上并没有统一的明确认知。在张本眼里，一名好教师首先应是个"好人"，应具备公民的基本道德，具备做教育工作者的职业道德。所谓"好人"的第一标准就是指"德性"。"德性"二字包含了两层含义：一是指道德，二是指性情。育人的工作性质决定了教师必须有良好的德行，才能以德育人。

其次，要有较广博的知识，较强的组织指导能力，较灵活有效的教学方法，尤其要懂学生、爱学生，能成为学生的良师益友。

中国有着悠久的尊师重教的文化传统，随着社会的发展，社会各界越来越重视教育，与此同时，对教师的要求在不觉间也越来越高。

张本认为，今天的社会对教师寄予了过高的期望，对教师的方方面面都提出了更高的要求。很多时候，家长和社会不容许教师有缺点，更不容许他们犯错。然而，尽管教师这个职业与其他职业相比有一定的特殊性，但是客观上讲，具体到每一个教师，他们也只是一个普通人，而不是圣人，因此，也会有不足之处和犯错误的时候。社会应该对教师"非圣人"这一事实有一定认知度，并对教师表现出的一些不足和错误给予一个适度的容忍度。

而对于教师群体来说，张本主张，无论来自外界的压力有多大，教师应坚持做真人，但不是完人。教师并不一定什么都懂，什么都会，但它必须有学而不厌的求知精神。

这种终身的求知精神可让教师在职业生涯中保持活力，在马驹桥中学期间，张本要求学校的老师每学期要读两本好书，听15节课，至少写1篇论文，并且把这些指标的考核完成情况作为评先评优、晋升职称的条件之一。

教师教书育人是以行为影响行为，以智慧激发智慧，以思想引领思想的过程。张本认为，教师的行为是可以有瑕疵的，但它必须不断改造自己努力追求真善美。因为教师的工作不是简单地把自己的知识转化为学生的知识，而是用自己端正的人品，不倦的求知与创新精神培养和促进学生终身发展。

社会在飞速发展，知识在不断更新，作为教师，应当紧跟当前的变化，不断更新观念和知识，牢固树立终身学习观念，努力获取新的知识和技术以适应教育进步的需要。

关于优秀教师的定义，张本认为，一个优秀教师要具备以下几项素质：人品要正、为人要诚、知识要博、方法要活、爱心要真、指责要明，自尊自重，自信自强。对于校长与教师的互动关系上，张本认为，校长要为教师的工作和成长提供最大的支持、帮助与服务，对校长自身的要求上就反映在要做"服务型校长"上。

学生观："把学生当成人来教育。"

学校的一切工作，学校取得的一切成绩，所获得的一切荣誉最终都要落实在学生的成长和发展上面。因为学生才是教育的主体，是教育的关键，同时也关系着教育的目标和导向。

在张本看来，所谓教育的本质：一是培养接班人，二是传承人类文明。

现在的教育越来越指向学生的最终发展，学重于教，不能单为了教而教，教最终是为了学。张本认为，教育的主体是学生，教师是主导，将来的教学应以学生自学为主，教师只起引导作用。在实际地教育实践中，张本要求学校在课堂教学改革中突出学生"学"的地位，主张教师"教"是为了学生"学"。

张本来自一线，对教师的教学方法，学生的学习方法均有系统的研究，担任校长后他要求教师要采取灵活有效的教学方法，教师不仅要关注怎么教，更要关注学生怎么学，要求教师要懂学生、爱学生。

同样因为有丰富的一线教学经验，张本对学生学习生活的成长规律有着全方位深入细致的认识和了解。

学生是教育的对象，也是教育的主体，更是学校服务的对象。接受教育是学生的权利和义务。想学习，求进步，希望得到大人的赞许和同学的尊重是学生的天性。

对于学生，张本有自己的认识，他认为：

1. 学生是人，而且是未成年人或未走入社会的人，他们迫切需要理解、信任和尊重，校长、教师应充分满足他们的这种需要，把他们当成人来教育，把他们培养成为合格的人，要让他们先成人，后成才；不成人，宁无才。

2. 学生在学校应该是人人平等的，校长和教师不得以任何理由歧视任何学生，应该公平地对待每一个学生，善待每一个学生。教师教育学生重在发现、理解和尊重学生。

3. 学生的潜能是巨大的、多方面的。校长和教师应该充分相信学生的潜力，相信他们人人能够成功，人人能够成才。

4. 学生是有差异的，人人有才，但无全才。校长和教师不能仅用一把尺子去衡量全体学生，要不拘一格评价学生，凡有长处者都是好学生。要扬其长、避其短、积其优，因材施教，使学生虽人各有别，但材各有用。

5. 学校要为学生创设良好的学习环境，组织指导好学生的各种活动，充分调动发挥学生的学习积极性，培养他们主动性、自主性、创造性，让他们在学校教育中得到全面发展，为走入社会奠定良好的基础。

思考一：教育如何走出"唯分数论"的怪圈？

一所学校教育教学质量的高低，决定着学校的生命。如何来评判一所学校的教育质量呢？

传统上，人们都是以学生考试分数高低作为唯一标准，教育主管部门也常常是依据各校学生考试的"三率"高低来评定一所学校的教学质量，这种方法虽不科学，但事实上也被社会所认可。

目前的中高考虽几经改革，也仍然是按分数录取升入高一级学校的学生。因此，按考试分数评价学校办学质量的方法，恐怕在相当一段时间内难以真正改变。

但事实上，每个校长都明白，按分数评价学校教育教学质量是很不科学也很不公正的。不容置疑，考试分数与教育质量有着重要的直接联系，但它绝不是唯一的标准。

考试分数与学校的师资、生源、办学条件、管理考场的严肃性等都有直接的关系，对这些因素许多人往往不去考虑或不愿意考虑。

为什么有的学校的毕业生升入高一级学校时考分并不高，但以后的发展潜力却很大？有的学校的毕业生分数很高，但升入高一级学校后，成绩却急剧下降，甚至不能毕业。

其中原因很多，但主要的应该有如下几点：

1. 教与学的方法问题。教师死教，学生死学，死记硬背，结果是学了一堆死知识，学生未明白知识的真正含义，也未掌握学习的方法，教师也不讲究传授知识方法，一味地灌输，致使学生不会自己学习，严重依赖教师辅导；

2. 教育观的问题。有些学校，中高考考什么，教师就抓什么，不考的内容就基本放弃，甚至国家明文规定的课程，也敢不开，把节省下来的时间用于考试科目。这样，致使学生知识结构不合理，未能得到全面发展；

3. 学生精神负担过重。有些学校的教师课堂上平淡无奇，但他靠加班加点，用大量的时间对学生进行重复性的强化练习，靠课下给学生留大量的家庭作业，靠没完没了的考试排队刺激，致使学生疲惫不堪，但为了前途，又不得不拼命挣扎。

用以上这些措施应付考试应该是很有临时效果的，学生的考试成绩也会在一段时间内明显提高，但一旦考上高一级学校，没人这样抓了，他们便会立即松懈下来，考试成绩怎能不滑坡呢？

我国现行的学校选拔人才制度唯一的方法就是凭考试分数，所以，学校及主管部门，乃至社会各界基本上认为：不管黑猫白猫，一所学校考试成绩高，上重点大学、重点高中的人数多，教学质量就高，这所学校就有名气，就会受到表彰奖励，同时，也会为学校带来更好的其他效益。目前许多地方的基础教育就是在这种怪圈中徘徊。

张本认为，评价一所学校或一个地区的教学质量，决不能仅仅看考试成绩，而应该以一种动态的、发展的、积极的眼光，重点衡量发展率，看学校是否以学生的全面发展为根本出发点，优化育人环境，看教师是否以一切为了学生发展，来实施教学活动，看学生是否在原来基础上得到新的发展和提高。

所以，教育应当用发展的眼光看学生、看教师、看学校。

"如果我们能用这种观点评价学校、教师、学生，优秀、先进称号将不再由比较固定的学校、教师、学生获得，将有更多学校和师生为了争取更好而不断地努力，这才是教育质量评价永恒的追求。"

思考二：如何实现从近代教育向现代教育的转变

如何加快推进学校教育的现代化进程，实现从近代教育向现代化教育的转变亦是张本一直在思考、一直在践行的一个课题。

张本认为：当今世界正处在信息时代，知识经济将成为世界经济的主流。这些均给教育提出了新的课题，时代在呼唤现代化教育的实施。

而目前的世界教育远远落后于时代，不能满足世界发展的需要，仍停留在近代教育的水平上，这一现象反映了教育成果与社会需求之间的严重矛盾，证明了当前教育的严重滞后。而要实现教育现代化虽任重道远，但也并非无径可循。

在下面这篇文章中，张本结合当下教育现状，部分解答了学校教育要如何改革创新，如何实现现代化的问题。

改革现状，实现教育现代化

当今世界科技飞速发展，知识正以惊人的速度向前跃进。变化正在无限地加速，科学发现与大规模的应用之间的间距也在逐渐缩短，如从14世纪到20世纪中叶有11种伟大的发现，从发现到应用的时间距离越来越小了。例如：人们把照相术付诸实践花了112年的时间，而太阳能电池从发现到生产只相隔2年。在旅行、通讯、杀伤和计算这四项世界性活动方面的发展更为惊人，例如旅行：19世纪末内燃机的发明使人们的旅行速度达到了每小时140公里，到1945年喷气式飞机问世，将人的旅行速度提高了十倍。几十年后的今天，航天飞机的速度已经达到了每小时40000公里。

现代科技发展真可谓日新月异，出现了五个高峰，一是对生命起源的研究；二是对宇宙起源的研究；三是对人脑及智力的研究；四是对物质结构的研究；五是对人类自身生存环境的研究，以上研究成果迅速改变着人类的生产方式、社会生活方式及生活质量。其发展与前几个世纪相比具有如下特点：

1. 综合化。现代科技并非单一学科所形成的技术，它是许多学科综合、交叉、渗透而成的。

2. 全球化。现代科技面临的问题、要解决的问题往往不是一个行业、一个地区、一个国家的问题,而要解决的是全球性问题。譬如环境、海洋、信息联网等问题。

3. 无周期化。在第一次技术革命后,一代产品能维持几十年,到二次技术革命后,一代产品只维持十几年,而随着科技的迅猛发展,产品的周期从几十年到几个月,现在更新换代几乎是无周期可言。

4. 技术密集化。如果说过去的产品是以资源、能源为代价,以大量劳动力密集,主要指体力、手工的人力资源密集为主的生活,那么20世纪以后的产品则是以技术密集为主,以凝集智力资源为主。而今不少发达国家发展经济已经做到经济发展与能耗下降同步的程度。

当今世界正处在信息时代,知识经济将成为世界经济的主流。这些均给教育提出了新的课题,时代在呼唤现代化教育的实施。而目前的世界教育正远落后于时代,不能满足世界发展的需要,仍停留在近代教育的水平上,这一现象反映了教育成果与社会需求之间的严重矛盾,证明了当前教育的严重滞后。目前的教育在自身的发展中已陷入进退两难的地步,以至于一些偏激者提出要取消学校教育。

为什么会出现上述现象呢?究其原因既有宏观原因,又有教育自身的弊端:宏观上的弊端是:第一,关于教育的投入方面,无论国家贫富与否,都认为教育投入不够,但却又浪费得惊人。第二,中央集权的国家,把教育管得太死,学校难以办出特色。第三,教育结构不合理,不是千军万马过独木桥,为少数人进入高等学府而牺牲了多数人;就是牺牲了义务教育而盲目发展高等教育,结果造成人才外流,自己的国家依然落后。

教育自身的弊端有如下五点:

1. 教育内容陈旧,脱离生活,脱离社会;教育方法死板,教育观念严重滞后。用旧内容、旧方法培养人,其结果必然是培养越来越多的不合格人才。

2. "教育需要"与"教育要求"不平衡，甚至出现了严重对立。

3. 多数学校只起到"筛子"的作用，层层过滤，层层选拔，结果筛出了少数人，但却排斥了多数人。我国每年高校招生只占高中毕业生的 1/20，其中每 20 名考生中被筛掉了 19 个。

4. 由于过分屈从升学要求，造成了教育和学校的扭曲及学生人格的分裂。由于学校和生活脱节，学生人格分裂，形成了两个互不接触的世界——在一个世界里，一部分学生像一个脱离现实的傀儡一样从事学习；而在另一个世界里，另一部分人通过某种违背教育的活动来获得自我满足。现在的学生生活能力低下，心理承受力脆弱，言行不一，过早地学会察言观色、说假话，乃至于产生吸毒、赌博、暴力的行为等，都源于这个分裂人格的弊端。

5. 学校教育残酷地扼杀了儿童和青年的好奇心和求知欲，把教育搞成了谋求职业的途径，造成了学生中厌学的人数越来越多，年龄逐渐提前。

由于上述弊端的存在，使得当今的教育很难适应 21 世纪世界经济与科技发展的需求，因而教育改革势在必行，刻不容缓。

近年来，我国开始推行素质教育，旨在改革现状，以适应飞速发展的现代化建设需求。一句话：要实现经济建设现代化，教育必须首先现代化。

那么如何进行改革，才能实现教育的现代化呢？用一句话说即是要实现由近代化教育向现代教育转变。其改革的内容如下：

（1）由人才的标准化、统一化转变为多样化、个性化，以适应当今世界多元化的需求，符合创新人才的培养要求。

（2）变教学内容的学科化、固定化为教育内容的综合化，以适应现代科学发展的交叉与横断的特点。

（3）由教学模式的单一化，变为多样化、个别化，打破原有的严格的班级界限，给学生以更多的选择权、自主权。

（4）变教学方法的单一化为多样化，同时选用先进的教学手段。

（5）改变近代教育为青少年特有的经历为教育的终身化，使教育不再仅仅是谋生的手段，而变成人生之需要。

（6）变教育的本土化为国际化。

（7）变教育评价的以定性为主，管理以经验为主，为数学化、科学化为主。

总之，为了与教育的整个使命相适应，"教育应围绕四种基本学习加以安排；可以说，这四种学习将是每个人一生中的知识支柱：学会认知，即获取理解的手段；学会做事，以便能够对自己所处的环境产生影响；学会共同生活，以便与他人一道参加人的所有活动并在这些活动中进行合作；最后是学会生存，这是前三种学习成果的主要表现形式"。（《财》第76页）"教育应扩展到一个人的整个一生，教育不仅是大家都可以得到的，而且是每个人生活的一部分，教育应把社会的发展和人的潜力的实现作为它的目的……。"（《生》第5页）

通过学习使我认识到邓小平的"三个面向"中把教育要面向现代化放在首位实在是高瞻远瞩，为我国的教育事业指明了方向。我们作为一名教育工作者，一定要把教育改革作为己任，迅速转变观念，积极投身到教改的大潮去，努力学习，积极进取，勤奋工作，身体力行，努力推进教改工作，早日使学校教育适应我国现代化建设的需要，为实现教育的现代化贡献自己的力量。

通州区马驹桥中学

张 本

2002年4月

思考三：素质教育的明天

未来世界的竞争，将是创造力的竞争！今天，几乎全世界都看到了培养创新型人才的重要性，这也是中国提出创新驱动发展的大的时代背景。

如何培养具有创新力的人才？具体到学校教育，应该如何做，以什么样的理念和做法去为培养发挥人的创造力打下基础、提供助力呢？

作为身在学校教育一线奋战的一名农村中学校长，张本同样在为如何培养学生的创新精神，如何响应国家号召开展素质教育，如何在应试教育与素质教育之间取舍等这些问题而苦苦思索，希望能开辟出一条有效可行的大道出来。

张本在马驹桥学校的十年间对于学校如何开展素质教育进行了一系列的探索实践，做出了相当出色的成绩。

经过近十年的发展，素质教育已然成为马驹桥学校领先于全区其他

马驹桥中学组织的可持续教育发展教学观摩会

日本教育代表团到马驹桥中学观摩交流可持续发展教育课题

张本在访问日本期间发表主题演讲

张本随团访问日本

农村初中学校的三大品牌特色之一，其他两大特色分别是：一是"一切为了祖国富强，一切为了学生发展"的办学理念，学生"日有所进，学有所成"的学习目标；二是学校干部教师团结一致，教风正，学风浓。

2010年，作为学校素质教育开展的一个重要方面，马驹桥学校荣获"全国可持续发展教育示范校"。

同年，在联合国教科文组织的教育访问考察活动中，马驹桥学校因在"可持续发展教育"方面的突出成绩迎来了来自日本的访问团。

此次来访的访问团一行共30人，来访者中有联合国教科文组织负责人，有日本文部科学省负责人，有教育部门要员、中小学校长、教授、教师以及教育工作人员等，由中国教育部对外联络处处长带队在马驹桥学校考察了一天。上午，张本向访问团介绍了学校办学情况和开展可持续发展教育的情况，下午的活动是参观、座谈交流。

通过这次考察交流，日本访问团对马驹桥学校在开展"可持续发展教育"方面的经验进行了总结交流，也对日本在这方面的情况做了介绍。

日本访问团结束访问后，我国教育部组织了回访活动，2010年11月，共有13个省市的教育工作者和教师代表130人参加了这次日本考察访问活动。教育部任命张本为总团长负责带队，这次日本访问活动历时17天。回访团在日本走访了各种类型的学校，深度考察。为了方便交流沟通，教育部给张本一行配备了随身翻译，访问团同当地各学校的校长、教师和学生进行了多方的交流，全面了解了日本的学校教育。

这次为期17天的日本之行给张本带来了很大收获，也引发了张本对学校基础教育多方面的启迪和深刻思考。回国后，张本将此行的考察总结成文，写成了一篇《2010日本印象》的文章。如下。

2010年度基础教

教职员访日代表团 2010.10.10

2010 日本印象

2010 年，教育部组织了来自北京、上海、河北、吉林、贵州、甘肃、内蒙古、海南等 13 个省、自治区、直辖市的 130 人组成的"2010 年中国基础教育教职员访日代表团"，于 2010 年 10 月经过 3 天的培训，于 12 日至 25 日对日本的基础教育进行了考察，历时 17 天。经过全团成员的共同努力加之 ACCU 和日方的密切配合，访问与考察活动取得圆满成功。访问内容十分丰富，感受颇多，现将有关情况做以下汇报：

一、总体印象：对日本社会秩序的基本感觉

总体印象：日本的社会高度发达。礼仪渗透层面广泛，民众文明程度高。应该说，日本在教育领域内和教育领域外都有很多东西值得我们学习。

二、所见所闻：对日本基础教育的基本感受

1. 全社会高度重视教育，对教育十分理解和尊重。
突出表现：

（1）注重教育的基础性地位，始终把教育摆在优先发展的重要位置，视教育为立国之本。国家保障教育的投入，教师的待遇高于公务员（男教师略高于社会男性，女教师比社会女性高很多），全社会十分尊重教师，对教育事业有高度的认同感。例如，滋贺县的教育投入预算占到整个财政投入预算的 25.3%。

（2）保障教育的公平性和均衡性，不放弃任何一个孩子的教育。法律规定，任何人都有平等受教育的机会，不因家庭、地位、经济条件的

不同而不同。

国家均衡分配教育资源（教师和教育经费由县教育委员会按学生人数和班级数分配），进行标准化学校建设，无论大都市和乡村的学校均如此。办学设施完善、实用、人性化，但并不追求奢华，如校门并不气派，运动场并不豪华，教室的多媒体设备多为移动式。

2. 教师的培养制度十分完善。

（1）教师的准入制度：实行执照主义与开放性原则，相当于我国的教师资格制度。有普通执照（有效期10年）、特别执照（有效期10年），临时执照（有效期3年）等类别。普通执照分幼儿园教师、小学教师、初中教师、高中教师、养护学校教师、保健教师、营养教师等。获得执照的人并非都能获得教师职位，大约只有五分之一的人能获得相应职位。以2005年为例：教师录用人数和应试人数的比例是1∶7.6，而同年在职教师占获得教师资格证书者的比例，小学为20.7%，初中、高中分别仅为3.3%和2.3%，可见其准入制度之严格和教师岗位竞争之激烈。

（2）教师的培训制度：分为初任教师培训、2年经验者培训、5年经验者培训和10年经验者培训等。

（3）教师的交流制度：日本学校条件、待遇均衡，教师十分容易交流，一般5年必须交流一次。

（4）教师执照的更换制度。普通执照和特别执照10年一换，临时执照三年一换。教师可以进行执照升类考试，也可能降低执照类别直至取消。

（5）教师的评价制度：评价标准和评价部门有专门的法律规定，由都道府县教育委员会执行。同时由学校对教师的工作进行综合性评价和教师自我评价。

3. 十分注重学生综合素质培养，促进学生的全面发展。这是其基础教育的最主要的特点。

核心词是"国际竞争"与"生存能力"。

突出表现：

（1）国家制定的课程标准和指导纲要明确以培养学生自主学习、独立思考的能力和健全的心灵、丰富的人性、健康的体魄等生存能力为教育目的，把具有国际竞争力为培养目标，扎实开展生存教育、国际视野、可持续发展教育（ESD 教育），学习指导纲要一般每 10 年修订一次。

（2）课程设置突出全面育人观念，十分重视学生的养成教育，尤其重视道德教育、运动教育、生活能力、创造能力和学生动手能力的培养，开展综合性学习。关于学生动手能力的培养给我们留下了深刻的印象，许多课程的开设都着重培养学生的动手能力和实践能力。另外还专门开一门课叫"食育"或"生活科"，公布每月的食谱，当然可以进行修改，每天中午广播通知（学生中餐都在学校，因为没有午休）。

（3）开展小班化教学和丰富多彩的学生活动，开展综合性学习和社会实践活动，不搞形式、不走过场，实实在在地开展，所有活动都是全体学生参与，不落一人，教师全程参加。强调以学生为本，尊重学生，遵循学生身心发展特点和规律开展教学活动，学生普遍有良好的个性和合作意识。日本学校的规模较小，最多不超过 500 人，最小仅 10 人。班级人数一般为 30 人以下。一年有 3 个学期，实行每周 5 天上学制，作息时间为上学时间 8:15，下学时间不同，小学低年级下午 3:00，高年级 4:00 过后，初、高中 4:30 左右，中午不休息。教师备完课后自主安排离校时间。每天 6 节课，每节课 45 分钟，从小学到高中均如此。教师年龄不够平衡，50 岁以上比例较高，占 1/3 以上，60 岁退休，不分男女。

（4）注重学生自主能力的培养。给人印象深刻的有两件事：一是学生的生活自主能力，每所学校的中餐都由学生集体打理，学生都具有强烈的环保意识和节约意识。二是多摩市立多摩永山中学（初中）的学生大会，学生会成员向全体学生汇报工作情况、活动方针、计划方案，许多学生当场质询、十分踊跃，充分体现了学生的自主管理能力。该校学生着装完全一样，仅用鞋带（蓝、绿、红）区分一、二、三年级。

（5）重视传统文化教育。表现为广泛开展茶道、柔道、剑道、太鼓、舞蹈等活动，注重学校历史文化传承，每所学校都有自己的荣誉室，注重对地方人文特色与自然资源的了解。

（6）教学方式既正规又民主。课堂教学教师要着正装（西装），哪怕课堂只有一个学生。教学方式很民主，学生参与程度很高，教师关注到每一个学生。学校一般一名教师要教授班级全部学科；重点学校（所谓重点指学生来源有问题，需要特殊关注的学校，如近江八幡市立武佐小学）为两位教师上课，一位主讲，一位观察和指导。

（7）关注差异，微观处推进道德教育。在教育方式上让每一个学生的优点得到承认、鼓励和发展，对有缺陷的学生少批评、多引导，十分重视自信心保护和培养，注重丰富学生的心灵感悟与体验，每个学校都设有对特殊孩子进行教育的专门教室，对其进行特殊关注和干预并进行与其相适应的知识教学。

（8）十分重视学生的安全教育。

日本学校的安全责任重，学生离家门到校门都归学校管理。因此，除广泛开展安全教育外，还采取很多措施，如利用学校、社区家长和志愿者的力量，在上、下学时和重要路段护送、巡视，学生集体上下学，规定路线，一年举行三次大型安全演练等。

（9）十分重视社区和家长及民众参与学校的管理和监督。

每个学校都可以看到家长和社区参与学校工作的影子。一方面充分利用周边资源开展学校教育工作。例如：热带植物园、琵琶湖博物馆都是学校育人场所；交通警察、行业家长应邀参与学生教育。另一方面十分重视社区、民众对学校的工作态度和评价，定期召开社区及家庭参与的活动，了解反馈信息，调整工作，并把民众对学校的信任度作为课题开展研究。

（10）注重学生身体素质的培养。营养餐科学营养，每日免费供给学生。学校普遍重视运动课程，以培养国民强健的体魄和旺盛的精力为目标，扎实开展体育与健康教育。

（11）注重对学生的相对性评价和综合性评价。日本的初中生有98%可升入高中，高中已是国民性教育。高中生有约60%可升入大学，其中有一半不经过入学考试，途径是保送，保送资格即是综合性评价的结果。没有升入大学的有一半参加工作，另一半进入专业学校或特殊学校。

4. 日本教师的敬业精神令人钦佩。

日本教师的办公条件和中国并不悬殊，我们参观的许多学校今年才实现一人一台电脑。工作量比较重，小学教师每周24节至25节课，尤其是班主任，要求综合能力强，要能上多学科课程。初、高中分学科上课，教师的工作量在18节至20节课。教师的敬业精神十分令人钦佩，教师之间合作意识强，和谐相处，互相支持和帮助，对教育工作十分热爱，其工资水平略高于全国平均水平，社会地位高，福利待遇好。

教师严格根据国家颁布的《学习指导要领》、基础教育课程体系进行教学和研究，在我们走访的几所学校中，首先我们了解到的教师基本工作行为是：

①教师通过深入浅出的授课提升了学生的基础能力；

②教师通过多种多样的体验活动，培养着精神富足的人；

③教师努力创设完善安心、快乐的课堂学习环境；

④教师与学生父母间有着良好的沟通关系；

⑤教师不断研修，不断出现教育专家型的教师。

日本教师一个人要面对全班学生多学科教学，众多教师往往集教学、指导、管理于一身，既具有直接教学、指导学生的个体性工作特点，也具有参与学校教育管理活动的合作性、群体性特点。学校全体人员，能够围绕一个办学目标，以持续不断的热情和认真态度努力工作。

5. 日本学校十分重视环保教育和社会实践。

校园内外环境优美、干干净净，物品堆放整齐有序，满眼绿树红花，清洁温暖。学校向当地开放，和当地社区一起培养学生，加深和当地社会的合作，培养学生的社会责任感。注重环保、注重实践、尊重生命、尊重自然是日本教育的一大特色。

当然，日本的基础教育照样存在一些问题，如基础知识不够扎实，单亲家庭问题、家庭暴力问题、社会治安问题、人口老龄化问题等，都会影响学校教育工作。此外，也有一定的教师心理问题需要干预。

三、对中国教育的反观与思考

关键词：审视、定位、改变、发展

1. 中国基础教育的基本问题在哪里？

对比中日两国的基础教育，深刻体会到中国的基础教育有我们的优势，但薄弱环节也是明显的，主要是学生的基本创新意识不强、实践的基本能力不足、个性特长的发挥不够、基本方法掌握不够好、综合能力不够高。千校一面，缺乏特色。客观原因，是巨大的人口压力和升学压力；主观原因，是教育制度和教育的根本理念。

2. 我们应该怎样改进我们的教育工作？

基本思考是要适应国际竞争的需要，培养品格高尚、身心健康、基础扎实、创新能力的学生。钱学森之问一直警醒我们：中国的教育为什么培养不出世界顶尖的人才？

（1）对课程定位要有新的认识，要落实课程的三维目标，即知识与技能、过程与方法、情感态度与价值观，培养学生科学的态度和正确的价值观。

（2）要转变教师的教学观念，坚定地树立以人为本的育人观念，注重教育的民主化、公平化和人性化，注重学生的身心健康。

（3）要改变单一的传授式的教学方式和学习方式。作为一个智慧型的教师，应该面向不同的对象、明确不同的教学目标、采取不同的教学方式，真正做到"因材施教"。

（4）要改变课程设置，真正重视学生创造能力、实践能力、动手能力的提高，注重活动课和社会实践的开展，注重学生综合素质的提高和个性特长的发挥。

（5）要改革考试评价制度，关注发展性、过程性，引导基础教育向更加国际化的方向发展。

结束语：

此次之行，值得我们学习、借鉴、思考的有许多东西，教育作为一个系统工程，不仅需要学校努力地工作，更要政府高度重视，以及全社会、每一个家庭的积极参与配合，因为它关系一代人的成长。

2010 年 11 月 2 日

通过这篇文章，可以大体看出此次日本之行对张本办学思想层面的一个影响，以及由此带来的深层次的思考。

这次日本之行也更加开阔了张本在学校推行素质教育和可持续发展教育的眼界和思路。

今天，"可持续发展教育"已成为马驹桥学校开展素质教育的一大特色。

对于中学学校来说，发展素质教育与考试成绩评价标准的唯一性本质上一直是左右手互搏的命题。一方面政策一直在倡导学校要发展素质教育，另一方面对学校的考核和评价依然唯分数和成绩为上，这对中学学校来说是一个分寸很难拿捏的大难题。

学校应该如何看待和处理素质教育和应试教育之间的关系？这个问题让许多学校校长无法回答。

在张本看来，素质教育是一项系统的实践工程，素质教育的最终落脚点应该在培养学生的创新精神上。

关于如何培养学生的创新精神，同样是一个系统工程，涉及教育的各个层面，单从学校来讲，张本认为：首先是校长要有这个理念，并传递影响到每个教师，并且由他们去实施。

张本是一个有教育情怀的教育人，这种教育情怀体现在他对教育的意义和价值的执着探索和践行上，张本从一个充斥着动荡和混乱的年代中走过，经历过多次大起大落的变革，横跨了中华人民共和国成立后的多个发展时期，许多人在时代的变革潮流中被边缘化，迷失了方向，甚至在时代前行的大潮中出局，而张本却始终能立于时代大潮的潮头做"弄潮儿"，凭的正是"快速反应，快速接纳""顺势而为，不断创新"这几个字。

用他的话说就是"我讨厌因循守旧"。自然，在学校的办学目标中，培养敢于创新、擅于创新的学生也成了他的一大个人喜好的延伸之义。因此，培养学生的创新精神在张本看来不仅十分重要而且必须要落实。

"这在当时的中学阶段难度很大。因为那时衡量一个学校好坏的标准主要还是看教学成绩。既要保证成绩又要搞创新教育，怎么办？我们是挤出时间和利用课余时间，成立学生兴趣小组开展活动，搞思维训练、科技创新，搞小发明、小实验等，通过这些来搞创新教育。"

初中校搞创新教育并不是必须的规定项目，但马驹桥学校却乐此不疲，痴迷其中，一定要找到根源，也只能归结于校长对"创新教育"的一种热衷和情结了。

十年时间，马驹桥学校结合自身资源，不断创新素质教育形式，在"可持续发展教育"上做出了突出的成绩。2009年，马驹桥学校被列为"可持续发展教育"全国示范学校；2013年，张本调任梨园学校后第二年，梨园学校因科技创新教育成绩出色被评为"北京市科技教育示范学校"。

那么，马驹桥学校是如何开展"可持续发展教育"的？

中国可持续发展教育（ESD）项目第九次国家讲习班
通州分会场

中国可持续发展教育（ESD）项目第九次国家讲习班
赵婕

可持续发展教育助力马驹桥中学续写新传奇

一、可持续发展教育的定位

可持续发展教育是价值观念的教育，它强调尊重、和谐、可持续，是一种全新的教育理念。可持续发展教育强调发展主张以人为本，把人的全面发展放在突出的位置。可持续发展教育以"尊重"为核心，其实质是强调区域发展中人、社会、自然三者的平衡发展，强调人与自然的和谐发展。

可持续发展是我国改革与发展的战略决策，也是一所学校改革与发展的重要策略。当下，中国正处于经济发展和城市建设快速增长阶段，经济发展与环境保护、人口增长与资源环境约束、城市现代化建设与古代风貌保护、饮用水源保护与上游地区经济发展、城市建设用地与土地资源保护等一系列双重特征的矛盾日渐激化，全国的可持续发展工作面临新的突破。学校作为与社会建设、经济发展相关联的文化机构，承担着巨大的社会责任。

开展可持续发展教育的中心任务本质是进行新的价值观教育。通过进行"四个尊重"教育，进一步树立"以人为本"的观念，树立爱护每一个人，维护每一个人的权益，发挥每一个人的主体精神，帮助每一个人终生得到健康发展，从而推动社会的全面、协调和可持续发展。

推行可持续发展教育实际上也是课程改革的内在要求。人、社会、自然三者关系的动态平衡，是维系人类社会发展历史的三大主要因素。

在学校教育中，教学课程的价值是促进人的发展，而人的发展又是一切发展的基础，所以课程内容的选择及实施标准的确立，必须与时俱进，符合人发展的需要。课程改革正是基于"人本思想"的考虑而展开的，它规定了最终的教育目标——为终身学习创造条件，为教育及课程的进一步发展提供一个合适的自由度。

课程改革的最终目标与可持续发展教育的核心任务是相辅相成的，借课改的东风，以课程为载体，以课堂为主渠道，向学生传授可持续发展教育，培养学生做可持续发展的人才势在必行。

要在学校有效开展"可持续发展教育"就要整合开发利用可持续发展教育资源。马驹桥学校结合自身实际，挖掘出独具特色的人文、历史、地理、生态四大方面的可持续发展教育资源。

学校寻求可持续发展教育资源，就是要充分发挥这些宝贵财富的作用，使其在"以人为本"的现代教育中发挥应有的教育功能，通过课题研究，促进学校课程改革与素质教育的推进，促进学校教育教学质量的提高。通过对可持续发展教育资源的开发利用，培养学生可持续的价值观、行为和生活方式，从而促进学校全面发展，并为本地区社会环境和经济的可持续发展作出贡献。

张本之所以认为在马中开展可持续发展教育非但必要，而且必须是基于对学校学生发展的要求的精准判断。

"我校是一所农村中学，学生出身于普通农民家庭，受多种因素的制约，在学生成长的道路上，家长对孩子缺少健康习惯的培养和价值观念的正确引导，尤其是青春期成长阶段，孩子们快速的身心变化和滞后的家庭教育相脱节，所以培养学生高尚的品质、健康的人格、良好的习惯是我们教育者义不容辞的责任。我校是通州区第一所农村寄宿制中学，住宿学生多达几百人，这其中不乏大量的外地借读生，长时间在学校独立生活和学习，这就要求学生树立心中有集体、有他人的意识，学会处理人与人、人与自然、人与社会的基本关系，把文明生活的基本素养内化为自身的气质、道德、信念和人格力量。因此，学生的健康成长需要可持续发展教育。"

张本把发展可持续发展教育当作马驹桥中学大力创新发展素质教育

的突破口的同时,还把它作为推动学校创新发展的新动力。

"可持续发展教育赋予学校创新发展的新动力,赋予学校教育变革的新理念、新思路,为学校培养全面发展的新型人才提出了新的目标。"

十年来,马驹桥学校坚持在创新中求生存、求发展。创新教育是一种发展中的教育,以可持续发展价值观教育为指导,马驹桥中学办学理念进一步明确。在"一切为了祖国,一切为了学生"的办学宗旨的指导下,马驹桥中学制定了"培养具有自我规范力、自我更新力、自我补偿力的创新人才"的德育目标。

张本认为,创新型特色学校的建设必须以可持续发展教育作为一切工作的指南。

经过综合分析,张本认为,马驹桥学校有着较好的开展可持续发展教育的环境基础。具体体现在以下几个方面:

1. 校园环境:由于是新建校,校内可持续发展教育资源丰富,环境优雅,绿地草坪交相辉映。有综合办公楼、教学楼、宿舍楼、可容纳600人的多功能报告厅、大小会议室、物理生物化学实验室、食堂和宿舍楼、教师公寓、计算机房等,有亚洲田联认证的具有标准400米塑胶跑道的大型运动场,有现代化的图书馆、电子备课室以及供教学用的各种专业

多功能报告厅

教室等，一应俱全。

2. 社会环境：马驹桥镇是通州区古镇，有悠久的历史和灿烂的文化，通州区第一实验中学就坐落于京南重镇马驹桥，北邻古老的凉水河，东接京津塘高速公路，南靠交通便利的六环路，西与北京经济技术开发区接壤，它本身就是一个宝贵的教育资源库，集中了社会、经济、文化、环境领域的优质资源，且每一种教育资源都极具地域特质和本土特色。

3. 人力基础：学校的可持续发展是学校自身发展的必由之路。先进科学的组织管理无疑是学校实现内涵发展、可持续发展的重要保障。为此，马驹桥中学根据整合原理，科学地构建管理模块，采取分系统、条块式纵横配合的管理方式。

学校成立了可持续发展教育领导小组，校长任组长，各部门领导任组员，责任到人，措施到位，管理有序，监管有力。同时，我们还组建了一支"可持续发展教育教学科研小组"，课题承担人全部是教育教学经验丰富、教科研能力强的一线教师，他们工作认真，勇于创新，具有前沿的教育理念和敏锐的教育洞察力，是学校发展的中流砥柱。

4. 研究基础：马驹桥中学的科研工作从开始到现在已有十几年的研究基础。2004年，马驹桥中学开始进行可持续发展教育研究，2007年1月，承担了北京教育科学研究院可持续发展教育研究中心"十一五"立项课题"北京农村中小学可持续发展教育资源整合模式的研究"课题的子课题："农村初中文科可持续发展教育资源整合模式的研究"。为充分体现可持续发展教育的综合性，课题组确定了"整合不同学科资源，综合渗透可持续发展教育"的实施思路，以可持续发展教育课题研究为载体，以学科知识渗透为依托，以校内外资源和学科教学资源的整合为切入点，探索"主体探究，综合渗透，合作交流，知行并进"的课堂教学模式并辅以多种形式的教育活动。

经过持续几年的摸索实践，马驹桥中学于2008年、2009年先后被评为全国可持续发展示范校和节能减排示范校。

二、可持续发展教育的战略地位

关注人，关注人的和谐发展，关注人的终身发展成为新课程理念下学校工作的重点。视野决定方向，高度决定影响。为此，马驹桥中学提出了"一切为了学生发展，一切为了祖国富强"的办学宗旨和"学会做人，学会做事，学会认知，学会合作，持续发展，勇于创新"的办学目标。

在学校管理上，本着"三个发展"的思想来规划学校的整体发展。即超前发展的思想、协调发展的思想、因地制宜和谐发展的思想，让可持续发展的办学理念指导学校的全面工作，为此，学校还制定了《通州区第一实验中可持续发展教育指导纲要》，分阶段、分部门、分学科、分领域地提出了全面建设、重点推进的指导性方针。

三、健全的管理机构是学校可持续发展的基本保障

1. 领导挂帅

学校的可持续发展是学校自身发展的必由之路。先进科学的组织管理无疑是学校实现内涵发展、可持续发展的重要保障。为此，我们根据整合原理，全校分为教学、政教和行政后勤三个大的系统，并成立了可持续发展教育领导小组，校长任组长，各部门领导任组员，责任到人，措施到位，管理有序，监管有力。

2. 专家帮扶

为了更好地提升马驹桥中学干部教师的研究意识，灵活推进学校的可持续发展教育，学校适时邀请区研修中心和市教科院来到学校，通过讲座、论坛、问卷调查、听评课、实地考察等多种形式对学校的可持续发展教育给予最直接、最实效的指导。在专家的帮扶下，马驹桥中学开

阔了眼界，拓宽了思路，提升了认识，更新了观念，从而也坚定了不断进取、锐意创新的研究信念。

3. 骨干教师示范

改革教育，教师为本。马驹桥中学有一支年轻的区级骨干教师队伍，这个充满活力的群体是学校的中流砥柱。他们思想活跃，观念先进，对新生事物具有敏锐的洞察力和分析判断的能力。在学校进行可持续发展教育的过程中，他们积极参与，勇于实践，思维活跃，视角独特，方法灵活，成绩显著，在课堂教学中灵活地把可持续发展教育资源融进课堂，用自己独特的课堂模式和全新的课堂设计把学生带入可持续发展的殿堂。例如，高玉泉老师在"通州第一槐"下现场讲课，刘学强老师在皮影博物馆中现场说皮影等。他们通过各种实践方式给了学生们全新的知识认构体系。让典型开路，让初学者学有所范、仿有所型，学校通过"示范课""观摩课""研究课"等不同形式给老师们创作交流学习的平台。

四、分层培训，提高认识

学习和培训是可持续发展教育意识形成、理念强化的有效途径。在可持续发展教育的推进过程中，马驹桥中学有针对性、时效性地对干部、教师进行培训，做到人员分层、内容分层、形式分类。

1. 校内自主培训

干部培训：校长定期组织我校领导班子成员学习有关可持续发展教育的相关文件，领会上级精神，更新观念，及时地调整学校工作。

教师培训：单双周分别以教研组、年级组为单位，由教研组长和年级干部牵头，对可持续发展的课堂教学模式和操作策略进行培训，培训定中心内容，定中心发言人，有汇报，有交流，有示范。会后有跟踪反馈。

学生培训：双周的校会时间，德育干部组织学生通过观看宣传片、学生论坛、师生互动交流等方式向学生进行可持续发展思想观念上的培训，引导学生走进可持续发展教育，接纳可持续发展教育的理念，从而影响他们的价值观念。

2. 校外多元培训

外出学习接受培训：教科院在可持续发展教育的课题研究上，给实验学校提供了多种形式的学习和交流的途径，如各种跨区县的交流培训会、下校观摩现场会、国家讲习班、国际论坛，我校课题负责人通过外出培训，学到了如何巧妙地开发和利用可持续发展教育资源的能力。

通过参观听讲解接受培训：崔永平皮影博物馆、北京经济技术开发区都是马驹桥中学开发的可持续发展教育资源，学校定期组织学生进行参观和实践，在参观中，场馆和企业的责任人会详细向大家讲解这些资源的内容特色和教育价值，师生们在倾听的过程中受到了教育。

在参观皮影博物馆时，师生聆听崔先生的深情讲解并观看他的精彩表演，理解了皮影艺术的博大精深。组织参观亦庄开发区的世界五百强企业之一的可口可乐公司，负责人为学生提供了实践的机会，学生经过实践，深刻感受到原来一个看似不起眼的可乐瓶也需要那么复杂的制作流程，任何一门技术都需要扎实的专业知识和娴熟的操作技能，即便志向多高远，也要踏实学习、踏实做事，这才是成功的关键。

在马驹桥中学深入开展的可持续发展课题研究中，许多教师都得到了极大的成长和进步，高玉泉老师便是其中一位，在课题研究过程中，他从一名缺少实践经验的后勤人员迅速成长为一名科研意识强、业务水平高的骨干教师，高玉泉教师的进步和成长离不开区研修中心和市教科院崔静平老师的倾心培养，他手把手地将专业知识传授给年轻教师。

五、突出优势，细化资源

（一）按空间分

1. 校内资源的开发

（1）学校优美的自然环境及优质的硬件设施；

（2）学校各楼层的人文、地理、历史、自然等知识的展示板；

（3）校园内分门别类的宣传橱窗；

（4）学校校史馆；

（5）学校校本教材。

2. 校外资源的开发

可持续发展四大领域资源的开发

环境领域：凉水河、通州第一槐

文化领域：崔永平皮影博物馆

社会领域：马驹桥革命烈士陵园

经济领域：北京经济技术开发区

（二）按性质分

1. 人力资源的开发

校内：教科研领导小组、教科研小组、骨干教师队伍。

校外：（1）区教委、研修中心及市教科院的专家组；（2）学校已开发的四大领域资源的管理者。

2. 财力资源的开发

学校资金保障：在课题研究过程中，学校给予大力支持，尤其是资金到位，总务主任根据活动内容把资金细化，包括培训基金、活动基金、奖励基金等，有资金作保障，使课题得以顺利开展。

校外基地支持：我校组织学生参观的可持续发展教育基地，都得到了管理者的鼎力支持，他们不仅为我们提供免费参观的机会，还无偿地为我们做讲解。他们的全力配合，更坚定了我们为推动当地可持续发展贡献力量的决心和信心。

3. 网络资源的开发

我校建有教师的电子备课室和学生的计算机房，每个年级组还配备了多台电脑。我校于2006年开通了校园网，我校以可持续发展教育为依托，建立了"通州区第一实验中学网站""通州区第一实验中学可持续发展教育网站""精彩不容错过网站"。网站的设置为学生、教师的发展搭建了宣传、展示、交流、学习的平台。

最生动的课堂：第一槐下说古槐

对于近几年从马驹桥中学毕业的学生们来说，高玉泉老师在"通州第一槐"下讲现场课，"第一槐"下说古槐让他们印象深刻。

在体型巨大的"通州第一槐"的树荫中，马驹桥中学的学生围坐在高玉泉老师的身边，学生们不自觉形成一个圆圈将高老师围在中间，听高老师声情并茂地讲解着"第一槐"的过去、现在和未来，高老师不时引经据典、旁征博引，学生们听得入了神，在自然的细风中，在槐树的阴凉里，学生们全然没有了课堂上的心不在焉，个个听得入了迷，高老师受到学生们眼神的鼓舞越讲兴致越高……

这就是让高玉泉老师名扬马驹桥中学的"第一槐下说古槐"现场课，通过持续讲这样的现场课，高玉泉收获了众多学生粉丝，高玉泉本人也通过这样的历练从学校的一名普通老师晋升为校骨干教师。

可持续发展教育是以尊重为核心的价值观教育，"尊重"的价值观教育包括尊重他人、尊重生命、尊重自然等方面的教育，而学生价值观的形成是一个长期的综合过程。

"寻访第一槐"是马驹桥中学面向全校学生和教师发起的"寻访古槐—探究古槐—保护古槐"的步步推进、环环相扣的一系列教育活动，通过寻访古槐，学生们观察了解到槐树的生长缺乏充足的水源，学生们还发现古槐没有任何保护措施，时常有人随便攀爬、折损等现象。在教师的指导下，学生们集体向马驹桥镇政府提出保护古槐的建言，镇政府对学生们提交的报告进行研究后给予了回复，并及时采取了有力的保护措施，具体包括：为古槐修建铁护栏，指定相关部门制作古槐简介展示板，并责成村委会指定专人负责看管古槐。这次马驹桥中学师生积极向马驹桥镇政府建议保护古槐的行动得到了社会的广泛认可，马驹桥镇政府对马驹桥中学发起的这次"访槐—探槐—护槐"活动给予了高度评价。后来，镇政府又在古槐旁边安装了十几米高的避雷针，今天"通州第一槐"已成为马驹桥镇的名胜古迹之一。

为了充分体现教育的综合性，马驹桥中学确定了"整合不同学科资源，综合渗透可持续发展教育"的实施思路，以可持续发展教育课题研究为载体，以学科知识渗透为依托，以校内外资源和学科教学资源的整合为切入点，探索"主体探究，综合渗透，合作交流，知行并进"的课堂教学模式。

同样围绕"寻访第一槐"研究课题，各学科教师结合各自学科特点，分别从不同的角度向学生们展现了同一事物的不同视角，以"解剖麻雀"的方式让学生们的思维更开阔，并从不同侧面去了解一件事的全貌。

历史教师结合《通州区历史》这门地方课程进行教学，给学生们讲解通州区悠久的历史，历数通州区的名胜古迹，把"通州第一槐"放在地域历史的维度上呈现，历史与现实相联系，让学生们知过去、知现在、知未来，不但丰富了学生的历史知识，同时对学生进行了知家乡、爱家乡的教育。

生物教师以通州第一槐的生长为例，讲解植物生长与环境发展的关系，让学生认识到槐树是中国北方的树种之一，它具有滤毒、减少噪音、净化空气的作用，在城市绿化方面起着积极的作用，提升了学生的环保意识。

地理学科教师在讲授《北京市的水资源》一课时，基于对永定河的水量、密云水库的水量变化和地下水资源超采、凉水河的调查，对比北京市与世界的人均水资源占有量，以数据的形式，让孩子们实实在在体会到北京市水资源严重紧缺的现状。

学生们通过观看录像、计算数据和河流污染调查展示，找到了北京市水资源紧缺的人为原因及对策。教师还引导学生们结成环保小组，组织小组间进行节水比赛活动，学生们在这样的活动中学到了更多的节水方法，增强了节水意识。

当历史教师讲《伟大的战略决战——平津战役》一课时，老师创造性地结合校本教材《京南明珠马驹桥》，以马驹桥的解放为切入点，由近及边，由家乡及国家，展开对平津战役的讲解，在引导学生了解国家与家乡历史的同时，自然地渗透了可持续发展教育。

同样围绕《马驹桥的解放》这一历史事件，语文老师将语文学科和历史学科知识进行整合，让学生们以《我用笔来赞英雄》为题，以语文学科的诗歌创作为教学切入点，把诗歌的形式，创作诗歌的技巧等语文知识与校本课程《马驹桥的解放战争》的历史知识有机整合，学生在了解马驹桥历史的基础上，运用课上所学的诗歌创作知识，酝酿自己内心的真情，激发自己流动的灵感，把文字诉诸笔端来赞美英雄，写下了一首又一首文情并茂的诗篇。

老师们还向学生们组织倡导把自己创作的诗歌当作清明节祭奠革命烈士的献礼……通过这种综合交叉步步推进的教学形式，学生们完成了文学创作、历史积淀以及现实价值的完美体验，这种创新性综合化的教与学的形式无疑是具有极其先进的探索意义的。

在经济实践领域，马驹桥中学利用紧邻北京经济技术开发区的天然优势，充分利用这一优越的资源，定期组织学生参观世界五百强企业。北京经济技术开发区是北京市现代制造业的核心基地。通过定期组织学生们深入实践体验现代化生产线，感悟祖国经济建设快速发展，高科技企业需要现代化人才，使学生深刻认识到要努力发展自己，成为国家栋梁之材。

在创业课上，教师结合学生参观开发区的所观所感，以《找准自己的位置》为课题，引导学生认识开发区坚持高端、高效、高辐射力的产业发展方向，理解开发区不断强化的绿色北京、科技北京、人文北京的建设理念的同时，体会作为一名现代人才所需要具备的条件，教育学生树立建设社会主义新农村的远大志向和坚定信念，培养学生的社会责任感。

马驹桥中学定期组织参观的公司中就有世界闻名的可口可乐公司，马驹桥中学通过积极沟通对接与可口可乐公司建立了手拉手实践基地，学校每学期都会组织部分学生到实践基地参加生产活动，让学生们在工人的引导下，亲身参与生产线中去，感悟劳动的艰辛与快乐，体验先进的设备。劳动结束后，在体验之余，学生还可以和企业的技术人员进行交流，一起探讨交流现代工人必须具备的条件。

通过实践活动，学生们认识到了开发区不断强化科学发展、以人为本的精神，体现了绿色北京、科技北京、人文北京的建设理念，学生切身体会到了个人发展与地区发展和社会发展的关系，他们有了更明确的学习目标，有了更强大的学习动力。

皮影博物馆中说皮影

皮影戏是我国的劳动人民智慧的结晶，崔永平先生怀着火热的爱国之心，历尽坎坷，2004年在通州自费建立了他的私人博物馆——北京崔永平皮影艺术博物馆。

马驹桥中学将北京崔永平皮影艺术博物馆作为学校进行可持续发展教育在社会文化领域的一大重要资源，并认为除了深厚的文化艺术价值之外，崔永平先生的高尚情操和爱国行动是非常值得学生们学习和感悟的。

在成功实现对接之后，马驹桥中学定期组织学生前去参观皮影作品，现场观看皮影表演，以此对学生进行继承弘扬祖国优秀文化遗产的价值观教育，充分发挥皮影博物馆的可持续发展教育功能。

在参观的基础上，学校还组织学生成立皮影艺术小组，鼓励学生积极学习皮影绘画和制作，倡导传统与现代的融合，将现代的科学文化知识应用其中，促进学生创新发展，全面发展。为了将这一资源的利用效果深入化立体化，马中还开设校本课程"皮影艺术课"，皮影博物馆成为学生们进行可持续发展价值观教育的优秀基地。

美术教师充分利用皮影艺术这一课题，在课堂教学中，把美术知识与皮影艺术有机结合，引导学生运用构图、色彩搭配等诸多方面的美术知识来学习皮影的设计、绘画、制作。既丰富了学生的文化生活，提高了学生的审美能力，又让学生认识到我国传统文化的博大精深和源远流长。通过实践，学生深刻体会到崔馆长夫妇弘扬传统文化的执着的守候、不息的拼搏正是中华民族精神的写照！

马驹桥革命烈士陵园，是马驹桥政府为了缅怀在1948年12月13日解放马驹桥的战争中牺牲的革命烈士而投资修建的，这里成为革命传统教育基地，中小学生经常在这里举行纪念活动，在碑前敬献花环、鲜花或在此举行入团、入队仪式，每天都有群众来此瞻仰、祭奠。烈士陵园充分发挥可持续发展教育功能，学校通过每年组织的"祭扫烈士墓，缅怀革命先烈"主题教育活动，教育学生勿忘历史、学习先烈、奋发图强、报效祖国。

组织教师编写校本教材——《京南明珠马驹桥》

马驹桥中学根据可持续发展资源开发利用过程中的所见所闻所感，组织各学科教师编写校本教材《京南明珠马驹桥》，从内容上分设了环境篇、社会篇、经济篇、文化篇。从主题上设置了文化多样性教育、环保教育、社会主义新农村教育、可持续城市化教育、传统文化遗产教育等专题。在学生思想教育上划分了几大板块，有博爱、有尊重、有宽容、有立志等，分年级、分学科地进行渗透。

资源共享，和谐共进。利用周边资源，加强与兄弟学校之间的联系，共同切磋，携手实践，达到互助互利的作用。皮影博物馆是一所珍藏着宝贵文化遗产的私人博物馆，马驹桥中学的开发利用加大了博物馆的知名度，许多兄弟学校来此参观，听取了马驹桥中学的开发利用汇报后，回校后积极进行实践，马驹桥中学和兄弟学校之间实现了资源共享，彼此都拓宽了研究视野，通过这种"资源置换"的方式，学校与学校之间互相取长补短，和谐共进。

潜移默化，行动引领。学校的可持续发展教育应成为学生一种内化了的自我教育，这种潜移默化的影响是一种无声的行动教育。

"凉水河"是北京地区的重要水系，古时因为水质清澈而得名，现如今凉水河是北京最著名的一条排污河，由于河水受到污染，长年臭气熏天，以致沿河居民连窗户都不敢打开。长年住在凉水河两畔的居民深受其害，眼看着清澈的河水变得污浊不堪，国家古老的环境资源遭到破坏，人们痛心不已。作为凉水河边长大的居民，我们有责任有义务为保护凉水河做出自己的贡献，所以，还凉水河的"清白"我们责无旁贷。学校通过组织学生实地参观，测量水质，找到凉水河污染的原因。活动之后，学生自发地组成环保小分队，在凉水河畔树立环保宣传牌，并定期去河岸边捡拾垃圾，向周边行人宣传环保知识。这种行动起来践行可持续发展的做法是一种真正意义上的思想观念的教育。

分步推进，特点鲜明。马驹桥中学在推进可持续发展教育过程中遵循着"现状调研→教育实践→资源提炼→目标确定→模式构建→实践研究"的步骤。在实施过程中体现了以下几个特点：

1. 地域性：马驹桥中学得天独厚的地理位置，决定了我们拥有四大领域丰富的可持续发展教育资源，且这些资源就在我们身边，为我校实施可持续发展教育提供了便利条件。

2. 综合性：利用的可持续发展教育的资源涉及四大领域，种类多，

可持续发展教育课题总结会

范围广。利用这些资源，通过全学科和跨学科对师生进行可持续发展教育。

3. 实践性：拥有多个可持续发展教育实践基地，在推进可持续发展教育的过程中，能够根据学校的整体工作安排，适时地利用这些实践基地，对学生开展系列主题教育活动，让学生能在社会大课堂中汲取到可持续发展的养分。

4. 针对性：我校挖掘出来的可持续发展教育资源具有典型性和代表性，在主题教育和学科教学两个方面的教育针对性强。例如：通过"寻访通州第一槐"对学生进行节约环保的教育，地理老师组织学生"调查凉水河的水质"，结合地理知识对学生进行节约水资源、爱护自然环境的教育。

5. 延续性：马驹桥中学的可持续发展教育活动，不是拘泥于学生、老师、课堂，而是由校内走向校外，由家庭走向社会，把教育功能辐射到整个地区，推进了当地的可持续发展。

展望：可持续发展教育的未来

马驹桥中学可持续发展教育的开展对学生们的学习和成长起到全方位多角度的积极影响，影响当然不止于此，马驹桥中学可持续发展教育的开展不仅对学校自身的发展起到了关键性的推动作用，对学生和学校周边的影响也是十分明显的，包括对学生家长、对社区甚至对社会都产生了积极的影响。这是学校开展可持续发展教育的成功，也让我们看到了可持续发展教育的实施对于紧密连接学校与家庭、社区和社会的重要意义，同时也从侧面印证了学校实施可持续发展教育的必要性和有效性。

一、可持续发展教育影响校园

1. 提高了干部的办学理念

马驹桥中学从管理的层面把可持续发展教育纳入学校具体工作的各个层面，并将可持续发展教育的内容纳入学校教师教育教学质量的评价体系，马驹桥中学遵循"以教育创新促进可持续发展的理念"以培养可持续发展的人为目标，创建绿色校园，培养创新人才，打造品牌教育。

2. 提高了教师的教育能力

教师能从学科实际出发，充分挖掘教材中的可持续发展教育渗透点，通过课堂教学，巧妙地向学生进行渗透，同时学科组教师还面向各年级学生精心组织开设了校本课程讲座。进一步拓宽了可持续发展教育的内容和空间。班主任作为班级管理者，制定本班的主题教育活动，开展多种形式的教育活动，创建本班独具特色的班级文化。

3. 培养了学生健康和可持续的生活方式

创建环保设施。马驹桥中学住宿学生较多，为了方便学生，学校成立了小超市，与此同时也带来了一系列的问题，每天学校的垃圾箱都满满的，学校的食堂更是剩菜、剩饭倒满垃圾箱。为此，班级成立了"资源回收组"，学校成立了"再生资源回收站"和"节约粮食监督岗"。创办"阳光校园"是马驹桥中学在节能环保方面的宗旨，学生根据马驹桥中学的实际情况，借助太阳能，设计了太阳能自动升降旗。并利用楼房排水设施建立雨水回收槽，用来浇灌学校的草坪。学生们都争做校园小主人，通过自身去影响他人。

4. 改良节约型校园

学生们借助教科院"留住一桶水的"的活动，组织了"水立方"节水小分队,在老师的带领下,以自己的家为实验点进行下水改造,把生活用水和洗菜洗水果的水分别进行收集,前者冲马桶,后者浇菜园,同时学校借助这一行动巧妙地把学生家庭节水和学生在校的评优联系在一起,在奖励机制的激励下,学生们自觉自愿地带动了家庭节水,社区节水。

初二物理兴趣小组在进行学校照明情况调研后,建议学校某些场所采用新型的光传感可调光照明并估算出所节约的能量,顺利地被校长采纳。

这些活动的选择与组织都以学生为核心,把体验和创新相融合。围绕学生与自然的关系、学生与他人的关系、学生与自我的关系。学生在实践中把可持续发展的意识内化为自己的行动。

二、可持续发展教育走进家庭

可持续发展教育的基本思想是让"世界上每个人都有机会从教育中学习可持续的未来发展和积极的社会变革所需的价值观念、行为和生活方式"。马驹桥中学开展了"节约水资源""减少生活中的污染""家庭出行方式调查"等活动,先后共有400多位学生成功地劝说家长戒烟,马驹桥中学没有一位老师吸烟,家长到校都能自觉将烟熄灭,是真正意义上的无烟校。家长们利用周末带孩子到社区、街道、公园进行环保调查,几乎都是步行或乘坐公交车,体现了"倡导步行,多骑单车"的理念。学校布置学生开展"我为节约能源献一份力"的活动,要求学生和家长一起想一些节约能源的点子、方法,并在家中具体实施节能的方法。开学初各班收集学生设计的节能方案,并在全校范围开展节约能源的活动。

三、可持续发展教育走进社区

马驹桥中学师生身体力行,利用节假日把"节能减排"活动带进社区，旨在改变家庭成员生活中与节能减排不和谐的观念与行为，树立家庭成员生活中健康、文明、节约、环保的新习惯、新方式，通过社区这一宣传阵地来积极发挥家庭在推动全社会节能减排活动中的重要作用。

马驹桥中学坚持每学期组织学生净化、绿化校园，利用节假日组织学生走上街头、社区进行卫生清扫和环保宣传活动。每学期组织学生志愿者上街义务劳动，环保志愿者们将道路两旁的"白色垃圾"清扫得干干净净，带领社区居民进行垃圾分类处理，他们用自己的实际行动，唤醒人们都来爱护环境。环境兴趣小组活动从校内延伸到校外，走进自然、深入社会，定期开展实地考察、社会调查活动。环保小组对学校周围的工厂造成的大气污染、水污染进行调查，通过调查与分析，就学校周边环境污染整治，向相关部门提出综合整治建议，这一举措引起了企业管理层的关注，在政府部门的协助下，企业积极配合，及时治理。

四、可持续发展教育影响社会

马驹桥中学在开发了校外可持续发展教育资源的基础上，通过挖掘资源时的调查走访，利用资源时的参观实践，以及后期的向兄弟学校推荐，拓展资源，提升了各个资源的知名度，社会各界人士来此地参观考察，它们已经成为马驹桥地区的名胜，既提高了资源的经济价值和教育价值，又推动了当地发展。

马驹桥中学开展了"寻访第一槐""缅怀革命先烈"等教育活动，师生反响强烈，学生积极谏言，向政府提出合理的修建和保护措施。在镇领导实地考察之后，投入了大量的资金进行了维修和保护，并指派了专人进行看管。同时镇团委以此为教育基地，组织团员来此召开主题团会，对团员进行思想教育。可持续发展资源所折射出的教育功能由学校到政府，由学生到群众，由学习到践行。

马驹桥地区紧邻亦庄经济技术开发区，大型企业的进驻，带动了当地经济技术高速发展，随之而来的高耗能、高排放、高污染，使马驹桥地区原本蔚蓝的天空也蒙上了一层阴霾。在学校节能减排工作的逐步推进过程中，我们又把视角锁定了企业。结合参观大型企业和后期的手拉手活动，学生根据企业的实际状况提出了一些合理化的建言，企业明确了实现经济效益的同时体现其社会价值是实现可持续发展的必然选择。

作为EPD实验学校，我们要以课题研究为载体，把可持续发展观念贯穿到师生学习的各个方面，把教育和学习作为推进可持续发展教育的关键和实施计划的推动力，通过学科教学渗透和利用校内外教育资源对学生进行可持续发展教育活动，以可持续发展教育的价值观改变师生的行为方式，促进师生的全面协调可持续发展。

马驹桥中学可持续发展教育的未来展望——

在已有的研究基础上，把资源向纵深挖掘，并以家庭、社会为合力，发挥资源可持续发展教育的张力。

因地制宜，进一步开拓具有地域特色的可持续发展教育资源，结合学校和地区实际，开展丰富多彩的可持续发展教育。

组建以兄弟学校为核心的较大的研究团队，群里群策，资源共享，形成合力，协同前进，让更多的人加入可持续发展教育的队伍中来。

在可持续发展课堂教学模式构建方面，摸索多种模式的课堂教学体系，真正发挥课堂主渠道的作用。

张本对可持续发展教育未来的这四个方面的规划和展望指导了并且正在指导着马驹桥中学昨天和今天的可持续发展之路，时间和事实进一步证明，张本对可持续发展教育战略定位，以及在后续推动和执行上的成功实施将马驹桥中学再次带入了一个全新的发展轨道，在这条新赛道上，马驹桥中学在创新教育和教育创新上继续保持领跑优势。

热点对话

1. 新时代，尤其是互联网背景下，谈一下您对学校教育未来的思考，包括发展趋势和所面临的挑战？

张本：网络时代为教育的发展提供了广阔的空间，拓宽了教育的视野，加快了知识的传播速度，为远程教育和单独教育提供了可能。为实现人的终身教育提供了必要的条件。但同时对学校教育带来一些负面影响，如冲淡了教师的权威地位，网络游戏消减了学习兴趣，等等。对于网络我认为它很难替代学校教育，特别是初级教育。

2. 对于"走班选课制"，您有什么看法？

张本：走班选课是发展趋势，随着课程改革的进一步发展，将来会成为课堂教学的主要形式。因为它能够照顾到不同层次的学生，真正做到因材施教。

3. 您认为，教育的本质是什么？

张本：教育的本质一是培养接班人，二是传承人类文明。

4. 在您看来，一所现代化的学校应该具备哪些素质？

张本：关于现代化学校，首先它的办学条件应该是一流的，其次办学理念应该是先进的，最后，教学模式应该是多元化的，培养的学生应该是具有较强的生存能力、工作能力、合作精神和创新精神。

5. 人类教育的未来将走向何处？

张本：未来的教育将走向多元化，创新教育、终身教育、终身学习成为必然。

6. 学校是如何开展创新教育的？

张本：首先是校长要有这个理念，并灌输到每个教师而且还要由他们去实施。这在当时的中学阶段难度很大。因为那时衡量一个学校好坏的标准主要还是看教学成绩。既要保证成绩又要搞创新教育，怎么办？我们只能挤出时间和利用课余时间，成立学生兴趣小组开展活动，搞思维训练、搞科技创新，搞小发明、小实验等。

7. 现在的教育越来越指向学生的最终发展，您认为学生是教育的主体，还是教师是教育的主体？这两者之间存在什么样的关系？在新时代又将会有什么变化？

张本：教育的主体是学生，教师是主导，将来的教学应以学生自学为主，教师只起引导作用。

8. 身为一名教育人，应如何走出教育唯分数论的"怪圈"？

张本：要靠教育行政部门进行彻底改革，改革考试制度，改革选拔人才的方法，光靠学校是改变不了的。

9. 在社会发展新形势下，对人才培养提出了哪些新的课题和新要求？

张本：当今社会需要创新型人才，这个需求不只对学校基础教育，对高等教育、家庭教育、社会教育都提出了新的要求和培养方向。

10. 李竹林校长说，最佩服您的地方就是敢做吃螃蟹的第一人，在这个方面，能否举几个代表性的例子，尤其在教育教学的大胆改革创新方面？

张本：李竹林是抬举我，在这方面只是我不愿因循守旧而已。

11. 对于教师，您提到作为校长，要充分相信教师，给老师以信任、理解、帮助和尊重。您具体是如何做的，请举两个实例？

张本：比如毕业班的教学，许多学校都是由能力强、业务精的老师把关，年轻人是不能教毕业班的，我则不然，每年要选三分之一年轻教师教毕业班。信任他们，给他们锻炼的机会。再有就是大胆使用年轻干部，对他们委以重任，提供成长平台。

12. 您认为身为一名教师应有学而不厌的求知精神，那在这方面您对学校的教师提出了哪些具体要求？又是如何让他们做到这一点的？

张本：我要求他们每学期读两本好书，听 15 节课，至少写 1 篇论文，并且作为评先评优、晋升职称的条件之一。

第六章 定势——「全才校长」

在通州教育界，张本是有名的"全才校长"，有这样的名声传播在外，主要还是源于大家都知道位于通州西南的马驹桥学校不仅教学成绩年年拿第一，还拥有一支具备专业水准的民乐队（民乐队由扬琴、胡琴、笛子、笙、月琴、古筝、架子鼓等组成），这支民乐队的特别之处是除了专业之外，还在于它是由马驹桥学校校长张本亲自组建，每逢重大活动晚会就是这个乐队大出风头之时，马驹桥学校的这支民乐队俨然已经成为学校的一大特色——校长尚且如此有才有创意，学校培养的学生必然也是多才多艺。

"全才校长"

"全才校长"张本的传奇之处在于除了带领马驹桥中学十年里七年得到全区第一，三次将三个落后学校从后进变先进，还在于他在才艺方面的突出表现：一曲二胡独奏《二泉映月》拉得出神入化，一首《滚滚长江东逝水》，雄浑的男高音堪比原唱杨洪基老师，一手行楷洋洋洒洒如行云流水，又如云中蛟龙，万马奔腾。除了这些，张本还下得一手好棋，棋艺在校长界罕逢对手，台球、篮球亦不在话下。

"不务正业"的校长

张本干工作总给人一种"不务正业"的感觉，他擅长"四两拨千斤"，许多人看不明白，为什么这个校长干工作不坐在校长办公室，却总找这个老师打台球，找那个老师下棋，闲时还自组乐队玩民乐，好像不务正业，却一边玩着一边就把学校的工作给完美而超额地完成了。

在张本的老搭档——马驹桥学校工会主席侯玉巍看来，这恰恰是张本校长的做事风格，也是张本不同于其他校长的特色之处。

关于张本爱好广泛的特点，侯玉巍是这样评价的："张校长善于抓大放小，善于抓主要矛盾。他当校长挺轻松，他不事必躬亲，他也很少巡视检查。那么他如何了解学校各方面的情况呢？他与以前的几位校长都不同，他是通过文体活动，在玩的时候就了解到学校各方面的情况。比如：他好下棋，抓教学的李万亮主任每天中午吃完饭都要到校长室下两盘棋。下午第八节课没有课的人员可以锻炼，张校长喜爱打台球，后勤主任徐新民经常和他打球，一线没有课的老师也和他打球。他还会唱歌，喜好拉胡琴。节假日有时他也打打纸牌。

"他通过多种爱好了解情况，学校的大事小情他都知道，这对他的决策很有帮助。在玩的过程中亲近了干部群众，干群关系密切，凝聚力、号召力与日俱增。只有会休息的人，才会更好地工作。学校工作千头万绪，校长工作压力确实很大，通过活动减少压力，从而全身心地投入工作中去，实在是聪明之举。他的这个特点是其他几位校长所不具备的。"

跟张本共事过的许多老师都对他的男高音和二胡独奏印象深刻，尤其是在第一次体验张本的才艺亮相时老师们大多都是满脸的震惊，眼中清楚地写着"惊艳"二字。在他们看来，张本的表演绝对已达到了专业水准，而让他们一时间难以置信的地方在于一向低调内敛的校长竟然有如此高水平的才艺水准，也让张本的同事们再一次体验到了什么叫"高手在民间"。

马驹桥学校现任办公室主任石立耕第一次听张本演唱《滚滚长江东逝水》时是在一次同事聚会上，张本开嗓一个起调满座的喧闹便瞬间停止，直至一曲听完，石立耕还在研究校长到底是在对口型还是假唱。

新年联欢会上献唱《滚滚长江东逝水》

石立耕回想着张校长平日里的为人，综合判断得出结论，校长应该不会在这种场合开这种玩笑，她转头看向身边的张刚不禁感叹起来："没想到校长竟然唱得这么好，比原唱唱得还好！"

"还有你更想不到的呢，张校长的二胡更是一绝！"在大杜社中学，张刚早已经领略过张本的才艺风采，所以并不像石立耕那样震惊。

2009年，马驹桥学校的新年联欢晚会与往年有所不同，因为在这一年的晚会上除了有歌舞、小品、相声、舞台剧等节目，还有一个由校长亲自组建的民乐队要压轴亮相，表演他们共同编排的民乐合奏节目。这个节目融合了中国传统古典民乐与现代音乐风格，在传统中洋溢着现代感，给全体观众带来了耳目一新的视听体验和不一样的艺术享受。在那次晚会上，张本再次献声他的经典代表歌曲《滚滚长江东逝水》，雄浑高亢的男高音带着台下的老师和学生们又一次回到那个群雄逐鹿、英雄豪杰辈出的年代，感悟着历史沧桑、时代变迁，大家一时间都沉浸在由时空穿梭交错所带来艺术美感之中。

坎坷道路上的诗意人生

张本在多个艺术领域的高深造诣让学校里的同事和学生深感佩服，同时对家里两个孩子以及妻子的影响也非常大。

张兆伟是张本的大儿子，每次当张本在家摆弄乐器随便就演奏出几曲优美的乐曲时，张兆伟对父亲的崇拜之情便要增加几分。

"父亲是多才多艺的，这一点是我由衷佩服的，我没有继承他这方面的天赋。也许是我从小没有机会学习才艺，农村的教育还是相对落后，在学校我没有接受过任何系统的音乐、美术知识，到现在连简谱都不认识。可是父亲的教育环境比我更差，却是琴棋书画样样精通。只要是民乐器，他拿到手中摆弄几下就能演奏得有板有眼。父亲对二胡尤其喜爱，经常招呼几个戏友，演上一出'样板戏'。"

每次看到父亲陶醉在乐曲中的样子，张兆伟都很羡慕。有时忍不住会问："您是怎么学会的？"张本笑笑说："我也没人教，喜欢就会往里面钻，自然就学会了。"

张本身上就有那么一股执着劲儿，50多岁还拜在华敬俊老先生门下研习书法，如今已是北京书法家协会的会员。

艺术的魅力不止在于粉饰太平，更在于给身处困境中的人带去坚持下去的力量。脚下虽多雨泥泞，眼前却荷花正好，正是这个意思。当年张本中学毕业被下放到农村参加劳动改造，在极其艰难苦涩的环境里，眼看着人性当中最冷漠最无情的一面在眼前一幕幕上演，很多人在这样的混乱和复杂中选择随波逐流，不再坚持自我，放任堕落下去。而那些不肯就范还在求索光明的灵魂因苦苦挣扎在黑暗与光明之间，则是异常痛苦的。

在深感痛苦绝望之余，张本没有放弃深植于内心深处的美好，每当结束繁重的田间劳动的空隙里，他总能抽出些碎时间写写画画以排遣苦闷，哪怕没有纸墨，只是在田间地头的平地上，只是在硬纸板上也写得兴致盎然，在写写画画中，一切的压抑和沉闷在笔触的游走间慢慢蒸发消失。

时间长了，村里人慢慢知道张本写得一手好字，也不再只把张本看作一个普通劳力。张兆伟在回忆起自己随父亲在农村的这段生活时是这样说的："总感觉他不该属于这里，虽然要在田里挥舞锄头镰刀，却写得一手好字。乡里乡亲逢年过节或是婚丧嫁娶都要请父亲写上几笔。"

张本说自己从小就喜欢书法。即使是在回乡劳动时也经常练字。当教师以后更加重视，一边练板书，一边练毛笔字。在他看来，每一个中国人都应该写好中国字。"书法是中华传统文化的瑰宝之一，它还可以修心养性、陶冶情操，何乐不为呢？"

2012年，张本调到梨园中学后，再度燃起对书法的极大热情。在一次偶然的机会中，结识到著名书画教育家华敬俊老先生，在50多岁的年纪正式拜在华敬俊老先生门下研习书法。2015年，张本被吸纳进入北京书法家协会，成为北京书法家协会会员；2016年，张本又加入中国教育学会书法专业。

经过几年专业的钻研学习，张本的书法造诣日益精进，广受业内同行的认可赞誉，尤其擅长行草，其笔间意象浑然天成，洋洋洒洒，气势磅礴，已经具备相当高的艺术收藏价值。

2016年，加入中国教育学会后，张本有感于在当前的信息时代下，学生们对中国书法的积极性日趋下降，他认为，相比实用价值，中国书法中蕴藏的文化传承价值更大。

中小学教育中针对青少年的书法教育应该放到一个相对重要的位置，基于这样的初衷，张本整合多方资源，结合六一儿童节，策划组织了"庆六一书画进校园"活动，给学生们开展了一堂生动而专业的"书法教育"实践课。下面是关于这次活动的相关报道：

通州区文联举办庆六一书画进校园活动

50余名梨园学校的中小学生簇拥在书法家周围，一边看不同书体的写法演示，一边比照着手中自己的作品，在他们周围百余幅书画作品错落有致、精心布置，使整个活动充满了浓郁的书画氛围。2016年5月27日，由通州区文联、通州区梨园学校共同举办"书画进校园活动"，为学生们送去了一份别样的"六一"节礼物。

活动开幕式上，梨园学校张本校长致欢迎词，着重强调了中小学书法、国画教育的重要性。华敬俊教授作为艺术家代表讲话。据介绍，他们参加此次活动的初衷是希望更多的书法艺术家能够走进学校、走进课堂，多"接地气"，进一步弘扬中华优秀传统文化，激发学生们学习书法、国画的兴趣，激发同学们对传统文化的热爱。随后，区政协领导向梨园学校赠送《运河文库·通州文史资料系列丛书》。区文联主席樊淑玲在开幕式最后致辞，希望通过此次展览和书法家的讲解，能为学生和老师们带来一些书法方面的启迪，并祝愿孩子们能够好好学习、健康成长。

此次活动共包含两部分，书画展及书法技巧讲解。梨园学校的部分小学、初中学生在老师们的引导下参观了书画展。展览的美术作品以白描形式为主。书法作品有隶书、行书、篆书、楷书等多种书体。此次展览的主要代表人华敬俊教授是北京书法教育研究会会长、中国美术家协会会员、中国书法家协会会员，并拥有40余年书法教学经验，展览的全部作品分别出自华敬俊教授及其学生王青春、张本、窦万兴、张术金之手。5位艺术家通过自己的作品分别向孩子们讲述了书法基础以及不同书体间的区别、联系。在授课环节中，艺术家亲自动笔，从笔画到整个字的间架结构进行一一讲解，并对同学们带来的作品进行点评。此次活动结束后，这些书画作品还将陆续在通州区几所中小学进行巡展。

通过开展书画进校园活动，区文联希望让更多的师生感受中国传统

华敬俊教授为学生讲课

书画艺术的魅力，激发青少年学习书画的热情。此次活动也是区文联践行习近平总书记文艺工作座谈会上重要讲话精神，为通州区创建全国文明城区，建设北京城市副中心文化贡献力量。

张本部分书法作品：

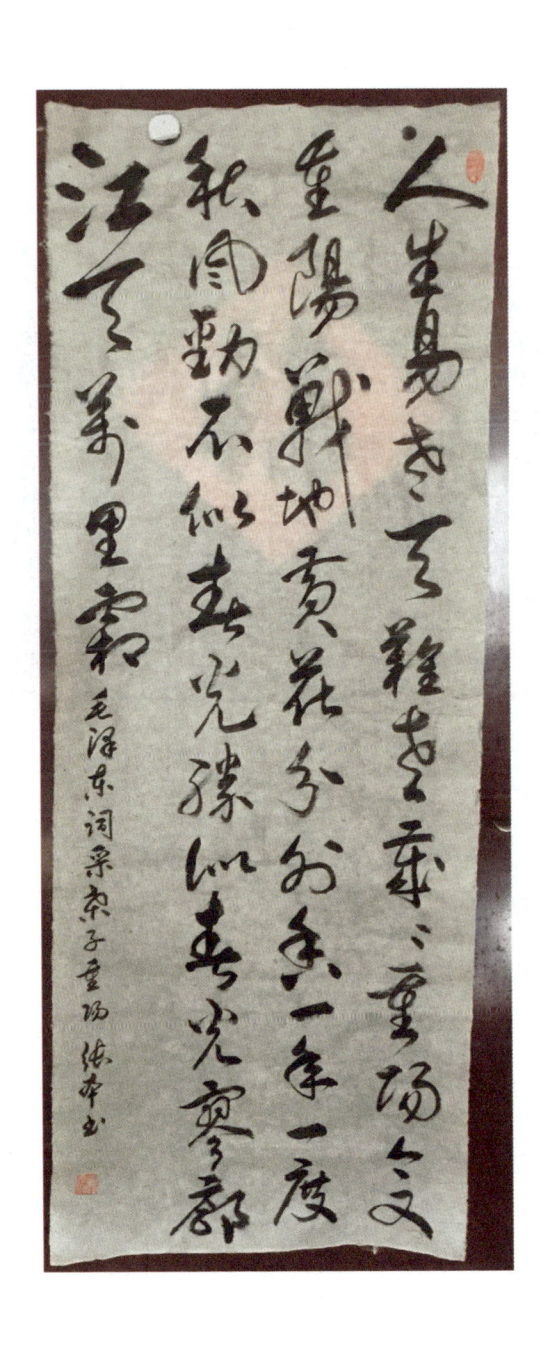

滚滚长江东逝水，浪花淘尽英雄。是非成败转头空。青山依旧在，几度夕阳红。

白发渔樵江渚上，惯看秋月春风。一壶浊酒喜相逢。古今多少事，都付笑谈中。

杨慎 临江仙一首

讚以養志

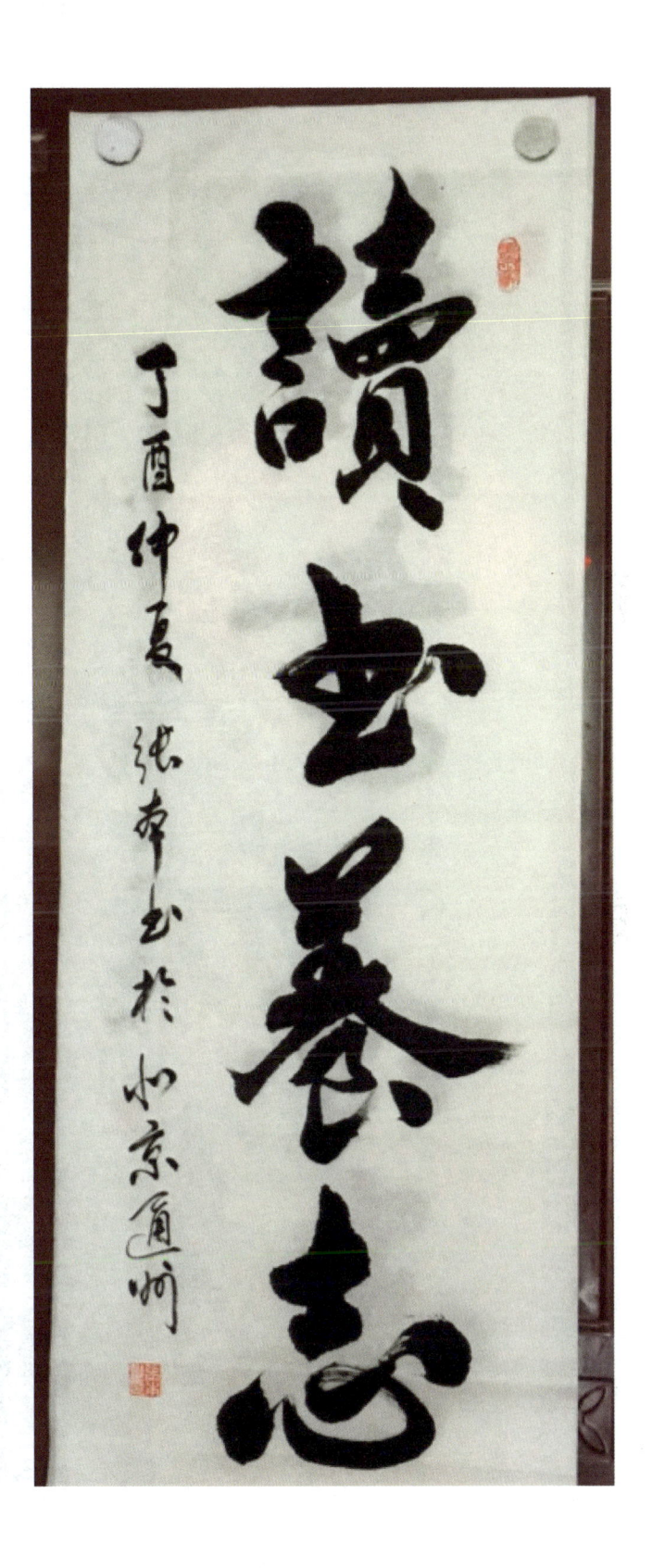

丁酉仲夏 張本金於北京通州

鼓舞十九大暨武警军旗颂

丁酉秋月 德齐书于京东运河

运河通者,运河也,运河者,运河也,皆赖于水之资,涛而有河。京杭大运河幸六省市接五江河,吾国当之先,漕运码头,以接京观,史名埠,载蜀如国运军。

主持天之运河赋…

一生求索，学无止境

在众多才艺中，张本的二胡是一绝。

二胡是我国独具魅力的拉弦乐器。它既适宜表现深沉、悲凄的内容，也能表达气势壮观的意境，音色接近人声，情感表现力极高。二胡始于唐朝，称"奚琴"，至今已有1000多年的历史，是中华民族乐器家族中主要的弓弦乐器(擦弦乐器)之一。张本对于二胡的兴趣启蒙于初中学习时期，当时初中语文老师李金铎多才多艺，不但教学生们搞文学创作，还教他们拉二胡、打篮球。

真正让张本爱上二胡的是那一堂课。在那堂课上，李金铎老师给学生们请来了一位特殊的授课老师——来自空政歌舞团的演奏家朱启伦老师，朱启伦老师精通多种乐器演奏，在课堂上他给学生们主要教授的是二胡演奏，这次课让张本印象深刻，不仅仅是因为朱启伦老师是一名来

2009新年联欢，民乐队表演节目

自空政歌舞团的演奏家，更因为他从朱启伦老师专业细致的讲解中真正领悟到了二胡乐器的魅力，从此，张本便喜欢上了二胡。

下课后，张本激动地走到朱启伦老师跟前："朱老师，我想跟你学拉二胡，行吗？"朱启伦老师看着眼前这个学生眼中的真诚和恳切，点头答应了。朱启伦老师在课堂教学之余抽出时间给张本做指导，看到张本每次的进步都很大，朱启伦老师深感孺子可教，只是由于工作繁忙，能抽出的时间毕竟有限，更多的时候都要靠张本一个人去琢磨研究。张本充分利用朱启伦老师来学校的每一次机会，把自己平时不懂的问题都统计下来，等到朱启伦老师下课后便一股脑地跟老师问个清楚。

在众多乐器中，二胡构造虽然简单，但学起来却是难学的乐器之一，张本的同学中也有一些对二胡感兴趣，但最后真正学成的只有张本一人。张本在学习二胡上能够成功，一是源于他天生的毅力和韧性，二是他不急于求成，比其他同龄的学生多了一些耐心，更多时候，张本把二胡当作一个老朋友，没事时就摆弄几下，从来不急不躁，慢慢就领悟出了门道。

二胡陪伴着张本在农村院子的树影下度过了一个个深沉夏夜，也陪着他走过漫长的十年教书生涯，以及近二十年满载辉煌与激情的校长生涯。一路走过，吱吱呀呀的二胡都倾听着张本或苦闷或压抑、或孤独或沉重、或激情或荣耀的心路历程。

在通州教育界，张本是有名的"全才校长"，有这样的名声传播在外，主要还是源于大家都知道位于通州西南的马驹桥学校不仅教学成绩年年拿第一，还拥有一支具备专业水准的民乐队（民乐队由扬琴、胡琴、笛子、笙、月琴、古筝、架子鼓等组成），这支民乐队的特别之处是除了专业之外，还在于它是由马驹桥学校校长张本亲自组建，每逢重大活动晚会就是这个乐队大出风头之时，马驹桥学校的这支民乐队俨然已经成为学校的一大特色——校长尚且如此有才有创意，学校培养的学生必然也是多才多艺。

相比起现代人优渥的教育成长环境，张本那一代人的学习和成长环境可以用"艰苦恶劣"来形容，但即便是在那样恶劣的环境中，没有学习资料，甚至也找不到老师来指导，只是由于心中的喜欢，因为对求知求学的执着，几乎全靠自学，也学会了多种才艺，从少年到中年再到不惑之年，张本一直坚持刻苦钻研，孜孜以求，这种拼搏奋斗、进取好学的精神让一个人的生命焕发出了勃勃生机，并在他的人生道路上遍地撒满了荣耀的光辉，这才是生命应该有的样子。

张本说，自己一路走来始终在"求"与"无求"中摇摆度过。中和儒家的"进取"、道家的"不争"，一方面以积极"入世"的态度去尽全力吸纳养分，向上生长，来不断壮大自己，提升自我，三年寒窗苦读通过"高自考"是这样的过程，即便无人教授，因为喜欢民乐，几乎全凭自学钻研二胡演奏，直到精通，也是这样的过程。另一方面以"无为""不争"的"出世"态度去对待身边的名利诱惑，无为即有为，敢为天下先，因为对苦难比身边的人有更深层次的领悟，便多了一份豁达和悲悯，而更具胸怀和格局，在许多人看来又不是完全积极进取的人生态度，最后却总能峰回路转，在不拘一格中将事情做成，收获最终的成功。

张本用自己的一生书写了"学无止境"这四个字。古语有云："活到老，学到老"，在琴棋书画样样精通的荣耀光环之下，实际是张本一生追求"卓越"的执着之心，对新事物永远保持一颗好奇之心、求知之心的"人生道"。

张本的一生之所求，完全可以用"教育家的情怀，书法家的境界"来概括，二者相互交融又互为支撑，其中的琴瑟和鸣之意仿佛就流淌在张本最擅长演绎的《二泉映月》和《滚滚长江东逝水》之中。

领导的"大家",管理的"大师"

在我心中,张本校长是我"永远的师傅"。之所以这样说,是因为张本校长无论在做人方面还是做事方面都永远值得我学习,在做人做事方面,张校一直都以他高尚的人格魅力,博大的胸襟格局,高瞻远瞩的智慧指引着我前行的方向。

在做人方面,张校长对学校的教师格外尊重,不论从精神方面的表扬激励,还是在教师实际工作生活中的照顾,张校长都做到了细致入微,入情入心,让教师深感在这样的集体中工作生活既安全又幸福。在做事方面,张校制度化加人性化的管理模式,让大家感觉既有制度章法可循,同时又充满人情味,营造出了一个和谐愉快的工作氛围,大家在这样的环境里工作得很舒心,有利于积极性和创造力的最大限度发挥。

张校长的智商情商双高,既擅长理性分析,运筹帷幄,又擅长走进他人的内心,尤其把学校的管理工作做得非常出色:

1. 综合分析能力强。思维敏锐,善于系统全面地分析问题,逻辑性强,判断准确,让人信赖。

2. 口头表达能力强。语言表达条理清晰,讲话幽默,态度和蔼,交流沟通时常给人如沐春风之感。

3. 决策能力强。有胆识,擅长迅速、正确把握时机,并能够及时听取老师的合理意见和建议,快速反应,并纳入决策中。

4. 组织指挥能力强。善于合理安排人力物力,因为思路清晰,思维超前,富有准确的预见性,大家都愿意跟着张校长干。

5. 用人及授权能力强。知人善任,用人所长,避人之短。

校长是教师矛盾的调节剂,校长是教师工作热情的催化剂。只要有管理,就必然会触及个人利益,不同的人站在不同的立场和角度,理解和对待的态度肯定是不一样的。遇事教师想自己的比较多,在工作中因利益、荣誉等产生意见、分歧，甚至发生误解，不光是在学校，只要有人群的地方，都是经常见到的。但是只要问题到了张校长这里，他通过了解情况，两边疏通，借助外力，化解问题，指明方向，问题都能得到顺利解决，双方都能愉快接受。

张校长全面了解每一位教师，量体裁衣，严肃认真，公平公正地对待每一位领导和教师，工作大局上关注制度化与人性化的有机结合，常规工作上重视政策的导向激励，遇到具体事情本着具体问题具体分析的原则，善于灵活处理，不拘一格，为效果服务。在我看来，张校长是领导的"大家"，管理的"大师"。

张校对马驹桥中学对全区教育的贡献：

1. 建立了一支强有力的领导班子，同时为通州区其他单位输送了多名人才，到别的学校任校长的有三名，研修中心主任一名，副校长一名等。

2. 学校有一套完整、系统、激励性强的制度体系和运行机制。

3. 锻造出了一支敢打硬仗、战之能胜、成绩突出的教师队伍。

4. 张校长就任期间，学校营造出了团结奋进、和谐优质、充满正能量的学校文化。

李竹林

2017 年 11 月 5 日

张校长最让人佩服的地方：敢吃螃蟹的第一人

我觉得张校长最让人佩服的地方是他是"敢吃螃蟹"的第一人。教育有法但无定法，管理有规但无完备。校长每天面对的事情是很难预测的，是随机的。换言之，校长的工作每天都是新的。这就需要校长的勇气和聪明才智。

面对困难，尤其是复杂的问题，张校长在综合分析后往往能另辟蹊径，把复杂问题进行简单化解决。当时张校长来到马驹桥中学后面临着学校经费紧张、教师干劲不足等一系列问题，从根本上系统解决问题，靠的正是大胆改革创新，敢做吃螃蟹的第一人，以超越常人的胆识和智慧解决了传统方法无法解决的一系列难题，将马驹桥中学的发展推向了一个全新的发展高度。

尤其让我印象深刻的一件事是，面对学校教学落后，教师队伍工作积极性不高这一问题，张校长接手之后，经过一段时间调查了解，修订完善了学校教学学段奖、备课组奖、年级组奖、教研组奖等奖励制度，变惩罚管理为奖励管理，老师的积极性得到进一步调动，教师工作劲头更足了，学校因此得到稳定和谐发展，随之而来的是学校各项工作的成绩都逐步排在全区农村校前列。

李竹林
2017年11月5日

"他当校长挺轻松"

我于1980年毕业后分配到马驹桥中学，2016年退休，在马驹桥中学度过了36年的工作时光，在职期间经历了10位校长。在我看来，每位校长都不简单，他们各有各的优势。在这些校长中，我和张本校长一起共事的时间最长，从2002年到2012年共事了10年时间，对他的各方面都很了解。下面就聊聊，张本校长与其他校长不同的特点。

张本比我大一岁，我们都是"50后"，基本上所有的苦都吃过。张本比我的经历更复杂更坎坷，他在农村务农时当过兽医，后又到大杜社中学代课，在代课期间通过艰苦地自学取得了中文高自考大专文凭。他80年代末参加北京市代课老师转正考试，全市中学转正名额只有30人，他就在这 30 人之列，且成绩是第一名，成功转正。他在大杜社中学做到副校长，之后调到马驹桥中学任校长。

他的成长之路最艰辛，我感觉他是个能吃苦、聪明好学、上进心很强的人。智商和情商双高，智商高，能解决人的工作出路问题；情商高，能解决出色地做好工作，得到重用的问题。我对他的经历很佩服，我任职马驹桥中学期间的其他 9 位校长都没有这样的经历。

张本 2002 年 1 月到马驹桥中学当校长，2009 年北京市才实行绩效工资。从 2002 年到 2009 年在农村中学当校长，最难的是着钱的急。农村学校待遇低，留不住教师。为了稳定教师队伍，张本拿出一部分精力进行创收，在当时政策允许的情况下，办成了几个创收项目。学校在 7 年中连续 4 次调整课时费：从每课时 2.3 元调到 3 元，从 3 元调到每课时 5 元，从每课时 5 元又调到 8 元，最后到每课时 10 元。马驹桥学校老师们的福利也在不断提高，逢年过节都要发钱发物。通州区其他农村学校教师的待遇远不如马驹桥中学。

2004 年 7 月，原姚村中学合并到马驹桥中学，两校合并本来是件很麻烦的事情，但在张校的梳理掌控下很快顺利完成过渡，因为两校干部之间没有内耗，学校政通人和。从姚村中学合并过来的老师比以前挣得多了，幸福感在增加，自然也是没有任何问题。

这都是因为我们有一个有经济头脑的好校长。我认为，他在马驹桥中学取得很大成就的原因之一就是启动经济杠杆这篇文章做得好！

张本校长善于培养使用干部，他在马驹桥中学的 10 年，从学校调走高升的有 6 人。按照时间顺序依次是：2002 年，李连江调到北关中学（2015 年他任大杜社中学校长）。2002 年 10 月，邢振江调到通州区教委任中教科副科长。2005 年 9 月，张刚调到张家湾中学任副校长，2016 年，任牛堡屯学校校长。2007 年，李竹林调到大杜社中学任校长（现任育才学校通州分校校长）。2008 年，宗永强调到教委工作（现任运河中学副校长）。2009 年，刘永民调到教委工作（现在研修中心任中层干部）。

在张本之前，马驹桥中学都是从外校向内部调干部，只有从他任职开始，马驹桥中学成了往外输送干部的摇篮。

张本校长虽然资历浅，但是他使用干部能把"责、权、利"落到实处。他心里装着干部，为每一位干部安排一个有利于工作、有利于干部自身发展的位子，扶上马送一程。他做到任人唯贤，不拉帮结派，不玩弄权术。对干部严格要求热心帮助，干部和他不隔心，没人怕他，但是都很敬佩他，觉得不干好工作就对不起校长。

张校长2002年到马驹桥中学时我任副书记，那几年政策允许给副校级干部发通讯补助，他的前任校长就不给我发通讯补助，教委人事科统计干部报表时强调，副校级干部指副校长、副书记。我和张校长沟通后我也按月领到了通讯补助。2006年10月以前我校工会主席由德育副校长陈长林兼任，校长知道要实行绩效工资，他怕我在实行绩效工资时吃亏，决定让我兼任工会主席。2006年10月，经过教代会民主选举我当选工会主席。将心比心，有这样一位各方面都为你考虑周到的领导，我能不踏实地跟着校长干好工作吗？

2011年春天，镇党委、镇政府决定在马驹桥中学开始招收小学一年级学生。当时，张建新教师46岁，任政教主任，为了张建新的发展，也为了更有利于学校工作的开展，最大限度发挥干部的特长，张校长先后3次到教委找主管干部工作的副主任为张建新的人事调动提出申请，最终，上级领导同意张建新任副校长，主抓小学部全面工作。提拔了张建新的同时，也盘活了学校其他几个部门，办公室原主任陈立军接替张建新老师任政教主任，原团委书记石立耕接替陈立军担任学校办公室主任，同时，提拔年青潜力教师李根老师任团委书记。这次干部工作岗位的变动取得了非常好的效果，全面地发挥各个干部的特长，使学校的各项工作都取得了长足进步。

业内都知道马驹桥学校干部队伍建设抓得好，10年中有6位干部调走，这样就有新人顶上来，年轻人总能在这里看到希望……此外，马驹桥学校干部结构比例好，老中青三结合，战斗力更强。马驹桥学校干部上下一心，心灵上高度契合，心往一处想，劲往一处使，所有干部都发自内心地愿意跟着张校长好好干。

张校长善于抓大放小，善于抓主要矛盾。他当校长挺轻松，他不事必躬亲，也很少巡视检查。那么，他是如何了解学校各方面的情况呢？在这点上，他与以前其他几位校长都不同，他是通过文体活动，在玩的时候就了解到学校各方面的情况。

通过多种爱好了解情况，学校的大事小情他都知道，这对他的决策很有帮助。在玩的过程中亲近了干部群众，干群关系密切，凝聚力、号召力与日俱增。只有会休息的人，才会更好地工作。学校工作千头万绪，校长工作压力确实很大，通过活动减少压力，从而全身心地投入工作中去，实在是聪明之举。他的这个特点是其他几位校长所不具备的。

在抓教师队伍建设中，在校长的带领下，我们很好地完成了以下几项工作：青年教师培训班；发展新党员，每年评选优秀党员，把党小组建在年级上；教师职称的评定；师德建设常抓不懈，形成党政工团齐抓共管的局面。

在张校长的带领下，马驹桥学校取得了很大的成绩，教学成绩始终保持全区农村中学前三的位置，多次在教委综合考评中获得一类校。马驹桥中学的办学水平得到老百姓的认可，得到区镇上级领导的满意。

这就是我所了解的不简单的张本校长。

侯玉巍
2017年10月24日

永远的榜样——谁不愿追随这样的领导前行？

时间过得真快呀！一转眼，我都进入了知天命的年龄了。有时坐下来安静地喝茶时，不免回想起以前的点点滴滴，然而每当这个人在我的头脑中闪现的时候，都会使我不经意间充满温暖。这个人是张本校长，他是我永远的榜样。

谈起张本校长，就不能不说一件事，那是2004年冬季的事了。那时，我所在的姚村中学合并到马驹桥学校。我担任学校体育教练，负责学校的体育训练项目。经过半年的艰苦训练，我带领的学校田径队分别夺得了通州区中学冬季长跑比赛男、女团体总分的第三名。这对当时的农村中学来说简直是放了卫星。为此，学校专门为我们体育教练组召开了全校的庆功大会，会后立即为我们颁发了奖金。张本校长这种有功必奖的行为，让我至今想起来仍然热血澎湃。

在兴奋之余，我试着沉下心来总结成功的经验，发现能够取得这些成绩是有一定规律可循的。

第一，以校长为首的学校领导班子的重视，突出表现在：首先，训练时间和训练经费有保证，确保在工作日的每天下午的第八节课，运动队的每名队员都能够准时参加训练；其次，队员们穿的运动服和鞋都是由

学校田径运动会

学校统一购买，赛前状态调整需要的葡萄糖、维生素等功能用品都能够如数保证，这对当时大多数经费紧张的农村学校来讲也是很困难的，但我们学校却都做到了。

第二，全体教练员齐心协力。有了学校领导的大力支持，大家都觉得如果不拿出点成绩，不光对不起校长，谁都对不起。当时我就是这样想的。

尽管已经有了这些成功的基础支撑，在具体执行过程中仍然有许多困难需要克服。万事开头难，从一开始由于我这个带队人的角色问题就遇到了困难，因为我当时不是体育教师，学生们不信任我，家长也不信任我，就连班主任老师对我也存在许多质疑。面对这个难题，我就做了大量的工作，向家长和学生列举自己以前的训练成绩，并主动为体育特长生做成长规划，以一颗真诚相待之心赢得家长和学生的信任。当时有一些队员在暑假训练时缺勤，大家都没有他们的联系方式，我就跑到队员的家里去叫，一次找不到，晚上接着去。功夫不负有心人，我用一周的时间就赢得了学生和家长的信任，并顺便解决了队员的选拔问题。

接下来就是解决训练的连续性问题，在之前，常常因为训练不连续而影响训练结果。经过事前有效策划组织，除了保证在工作日期间教练队员正常训练，同时还确保暑假期间也坚持工作日训练模式。这就科学地解决了训练的系统性问题。另外，参考张本校长集中精力打歼灭战的思路，我们经过讨论决定主打目标训练这张牌，给每位队员都确立明确的短期和长期目标，根据实时完成情况，及时给予表扬和奖励，这样的目标管理与激励反馈的做法大大调动了队员的训练积极性，队员们的训练成绩一步一个台阶，稳步前进。

通过分析总结，我认为这次活动的成功主要得益于目标管理和行为激励管理思路执行。我还记得，在训练期间，我找到张本校长汇报工作，说现在体育训练情况良好。校长说怎么个好法？我说："女队保证拿到团体名次，男队有希望拿到团体名次"，张校长笑了笑说："你要是能拿两个团体名次，奖金给你们每分涨到50元（原来每分10元），但是如果只拿到一个团队名次则奖金取消。你觉得怎样？"我说："那我得和其他人商量！"回去商量以后，没人有这个谱，这件事就告一段落。结果比赛时果真拿到了两个团体名次，比赛后，我们肠子都悔青了。

通过这一件小事，我觉得我们的校长在调动属下积极性方面真是有一套，我得好好学学。

在与张校共事的几年间，还有一件小事让我印象深刻，发现了张校的另一个可学之处。

2012年5月，张校因为工作变动到通州区梨园中学任校长。由于平日工作关系和私交都很好，我们几个原手下一起去看望老领导，交谈到高兴处，张校说："看这几个小伙子，怎看怎顺，干什么什么行。"我当时听得心里暖暖的。这是多么好的领导呀！这一句话里充满了对于属下的信任和关爱，又有几个人不愿意追随这样的领导前行呢？

张校现在已经退休了，我们相见的次数也在逐渐减少。然而张校在我心里就是一面镜子，他的为人和处事之道也将成为我终身学习的榜样！

徐新民

2017年10月24日

一位极具道德领导力的好校长

我是张刚，于1994年7月参加工作，工作的第一站便是大杜社中学，担任初一班主任兼数学教学工作。当时张本校长（时任初一年级组长）在位置上离我最近，也是我最直接的领导。他给我的第一印象是：严肃而不失和蔼，在工作上严格要求的同时，又有耐心指导。后来，他担任副校长，更加重视对青年教师的培养。通过举办各种形式的教育教学活动来实现整个教师队伍素质的提升,如成立青年教师培训班、组建学校教研中心组、学科基本功大赛等,这些活动受到了广大教师的一致好评,也极大地调动了教师们的工作热情;通过制定学校评优晋级等相关制度,给青年教师搭建平台,打破大杜社中学以往论资排辈评优评先的格局,充分调动了一大批青年教师的积极性和主动性。幸运的我就是在这种环境和土壤下成长,迅速步入优秀青年教师行列,成为大杜社中学的骨干力量。

2002年2月,基于张本校长的赏识和重用,我跟随校长一起调入马驹桥中学工作,学校任命我为教务副主任并分管初一年级教育教学工作。从一名普通教师到管理干部,从教学工作到管理工作,我的工作身份和工作性质都发生了变化,工作难度也进一步加大,我倍感焦虑,但是在工作的每一个阶段、每个环节,张本校长都能关注到我的状况,并能及时给予我耐心指导和贴心交流,这样的关怀和激励给了我足够的勇气和力量。在张本校长的帮助和指导下,我带的这一年级学生在2004年中考中成绩优异,大杜社中学也因此被评为"中考优秀校"。

张本校长不仅是我的启蒙老师,更是我从事管理工作的领头人。每每和朋友们聊天时,我永远尊敬地称呼他为"师傅"。

2004年7月,在张本校长的大力举荐下,我调入其他单位工作。至今为止,张本校长都一直在关心、关注我的成长,我衷心感谢我的好领导,我的好师傅!

回忆那段一起相处的日子,有几点感受:

张校长为人忠厚正直,无论在工作中还是生活中都在以自己的"人格魅力"激励、感化、带动他人学习、进步,富有极强的凝聚力和感召力。

张校长注重谋大事、抓机遇、抓关键、出点子。马驹桥中学由两校合并到迁入楼房校,成立马驹桥学校,迄今成为农村优质校,倾注了他的智慧和思想、才识和魄力,为一方百姓造福。

张校长重视中青年干部培养。重视青年干部的培养和锻炼,通过给青年干部压担子、搭平台，激发内在活力，促青年干部迅速成长。迄今为止，张本校长培养的干部已遍布通州教育系统许多区域，各自都已独当一面。

张校长成功的管理模式已落地生根、遍地开花。张本校长的"目标管理、行为激励、统分结合、责权明确"管理思路已在许多学校得以应用和发展。

综合来看，张本校长是一位培育他人、信任他人、聆听他人、拓展他人的极具"道德领导力"并赢得全体干部教师敬慕的好校长。

牛堡屯学校校长　张刚
2017年10月25日

"我们的办公室主任比较会过日子"

2002年1月，张校来到马驹桥中学，那时的我还是一名初三数学老师，对校长并不熟悉。作为一名普通教师，在当时的我看来，校长是谁并不重要，我们还是依然要上好每一节课。

2002年3月，原团委书记邢振江老师担任政教主任，没过多久就被借调到区教委工作。有一天，张校突然找到我，跟我说要让我担任团委书记。当时全校没有女干部，据说以前的领导不知道什么原因，一直不喜欢提拔女干部。但在我看来，当时能干的女老师可不少，能歌善舞的也不乏人才，我不知道是基于什么考虑，张校会找到我。后来的一段时间，我一边教课一边做着团委工作。当然，教学任务还是工作重点，对于学校共青团的工作，张校也没有太多要求，领导布置的工作我都能按时完成，定期发展团员，与此同时做好团员档案转接工作。从2002年一直到2006年，我在做团委书记工作的同时，还担任初三年级的数学教学任务。

2003年秋,我要参加通州区课堂教学大赛,讲圆幂定理,在当时计算机使用并不普及的时候,张校能通过自己的渠道帮我找到圆幂定理演示过程,真为我的这节课增色不少。最后我取得了二等奖。

2004年7月,正值合乡并镇,扩大办学规模,原姚村中学校长退休,他们就合并到马驹桥中学,老师和学生都原封不动搬了过来。那年暑假,学校发动所有年轻男老师把姚村中学的桌椅和财产搬到马驹桥中学。这可是个体力活。姚村中学男青年老师多,主要以他们为主,马驹桥中学男青年老师少,但也都加入,两校老师在这次搬家过程中已经在逐步加强了解。搬家过程又脏又累,老师们并不懈怠,每个人都用尽了全力,都像给自己家干活一样卖力气。张校坐镇指挥亲自参与。在此次活动中,我作为唯一参与的女干部,但我的工作是配合食堂给大家做好午饭,人尽其才吧。三天的搬家,我设计好每顿午饭,让大家吃好,顿顿有肉,荤素搭配,张校对我的工作给予了肯定,我心里暖暖的。

当时通州区还有很多像我们这样两校合并的情况,很多学校都发生学生打架斗殴,老师之间钩心斗角分帮结派的现象,但我们学校没有,在张校的精心安排和统筹下,两校领导班子顺利合并,师生融合,没有出现动荡现象,一切都井然有序地开展。学生们没有发生打架的,依旧各自好好学习,姚村中学的老师们也没有把自己当成外人,马驹桥中学的老师也没有把他们当成外人,大家都是一样的,在新的大家庭里愉快地工作。

2005年10月15日,马驹桥中学迁入新校址,在此之前,新校楼房、各教室和功能用房,包括教学设施设备都要学校参与,提出意见。张校长他们作为外行,可想而知难度有多大,虽然那会儿我没有参与,但从后来各功能教室和教学设施的使用情况也看出他们费了很多心思。

2011年,马驹桥镇外来人口急剧增长,镇中心小学已经不能满足上学需求,镇里要求我们学校增设小学部,以缓解地区生源压力。从当年

5月开始就要做好下学年的人员分工,部分领导干部要做微调。我当时是团委书记,张校长在这时找到我,问我想做政教主任还是办公室主任。我考虑着,作为一位女同志,我如果做政教工作难度会很大,因为要和学生和家长打交道,还要做问题学生的工作,这不是我的特长,我觉得我的能力和性格都不适合做,最后我选择了做办公室主任。张校长没有反对,我估计他也有这方面的考虑。

办公室的工作接待任务比较多,有访客到来就要准备水果。有一次有领导来学校走访,我准备得水果盘比较少,只在来宾那边放了水果。来宾开玩笑说:"我们吃,你们看着。"张校长立刻给我解围,开玩笑地回应:"我们办公室主任比较会过日子,怕浪费,哈哈。"

石立耕
2017年10月25日

我眼中的张校长——追求卓越,不断创新

在教育界早就流行这么一句话:"一个好校长就是一所好学校。"今天我要说的这位张本校长就是一位有思想、有魄力、有情感、有作为的好校长,因而他所带领的学校焕发着勃勃生机,学生积极向上、富有正气,热爱校园、热爱社会、热爱国家;教师奋发有为、满怀激情地从事教育工作,对学校有归属感、荣誉感、责任感、自豪感。张校到底是怎样一个人呢?

一、关于人品:尊重培养每一位教师

他是一个正直、善良、睿智、懂得尊重他人、心胸宽广的人,是一

个受人欢迎的人。张校长既有"爱生情怀",又有"敬师情怀",不把学校中的教师当"属下",能够从内心深处去赏识、尊敬、发展每一位教师。

张校长非常平易近人。他用人唯贤,人尽其才。因此总有许多教师愿意和他交流,他善于纳谏,虚心纳谏。学校中的许多事情都要在校代会上经过大家的协商,集体通过,而不是由校长一个人说了算。在学校的党组织等活动中,不按职位等级排位,不搞一言堂,而是真正地开诚布公地进行交流。

张校长是一个心胸开阔有大智慧的校长。他擅长发现教师身上的闪光点,并积极帮助、鼓励教师发展。大家都知道,一位教师如果得知学校领导在背后表扬自己,称赞自己,心里一定会很感激,尽管自己有些方面做得不够好,自己也会开始注意努力做好。张校长通过发现教师向上的闪光点激发了他们工作的积极性、创造性。张校长注重在政策允许的情况下,为教师们尽可能地谋福利,消除某些不公待遇带给教师的心理失衡感,能站在教师的立场上思考问题,倾听教师的声音,努力维护教师的权益和尊严。

张校长经常说:"我也是一名教师,来自教师,又必将回归教师。"老师——这是人类对教师最崇高的称谓,他尊重教师、善待教师。彬彬有礼,为人友善,能够创造乐观、愉快的教育大氛围。有时,他又会去严谨缜密地工作,他是一个真实的人。全校的师生对张校长的追随实质是其身正不令而从。

二、关于教学:学校的生命力也在课堂

张校长经常说,教师的生命力在课堂,学校的生命力也在课堂。学校教育教学最重要的还是依托于课堂教学。无论是在教室,还是社会实践中,教师都离不开与学生打交道。学科教学、班主任工作都不能脱离一线教学。因此,张校长和教师一起研究一线教学,深入了解学生,了

解教师，了解教育，张校是一个实事求是、研究教育问题的学者。

三、关于科研：科研兴校，校长先行

张校长非常重视科研，并亲自参与研究。他说，学习型校园需要教学与科研并重，"两条腿"走路。他为教师的论文写作、课题研究提供了平台，在相关政策、奖励机制上给予了有力支撑。同时，张校长善于在自己的工作间隙里记录自己的工作心得。

张校长懂得珍惜校本资源，善于整合资源，立足本校做教科研工作，把课改作为一个真实的课题，勇于迈出有意义的第一步。真正做到了"科研兴校，校长先行"。

四、关于成就：追求卓越，超越自我，不断创新

首先，张校长重视校园文化建设，注重营造良好的育人环境。这既有利于渗透德育思想，让学生在良好的校园环境中得到儒雅、上进的思想熏陶，也有利于提升教职员工的素养，培养爱校、爱生、乐教的职业情感。张校长高度重视细节。细节最能看出其品位：厕所、垃圾箱、走道角落、绿化带都做了精心的设计。

其次，张校长重视教育现代化建设和校园网络建设。处在信息化的时代，不能回避教育的信息化、现代化。张校长高度重视校园网建设，让其成为宣传学校文明的阵地和对外交往的重要名片。

最后，张校长善于发现身边的资源，发挥集体智慧与力量，活化校本资源成就"无字天书"，让校本文化成为新的"教材"，成为一个学校的独特风景。

张校长带领下的每一所学校所取得的成就其实已经折射出校长的理念，"天地之间有杆秤，那秤砣是老百姓""金杯银杯不如老百姓的口碑"，

张校长总是把荣誉归结于全体师生，甘愿让师生站在自己的肩膀上看到更美丽的风景。

"采得百花方成蜜，淘尽黄沙始成金"，张校长历经数十年拼搏奋斗，实现了从一位普通校长到教育专家的升华，这既是一个艰辛的追求过程，更是一个人超越平庸、超越自我、走向睿智的光荣历程。

张校长多才多艺，是学校里的金嗓子。张校长带着一颗火热的心用青春和热血演绎了美丽的"凤凰琴"故事，为通州区的教育谱写了辉煌的一页！

在我看来，张校长的突出成就主要在于能用自己创造性的劳动为社会、为他人做出贡献。张校长在做校长期间一直都在追求卓越，超越自我，不断创新。这是他对人生价值的追求。

刘永民
2017 年 10 月 20 日

我的良师益友

如果我们是船，那老师就是帆，引领我们在知识的海洋里不断向前；如果我们要踏上旅途，那老师就像我们手持的蜡烛，照亮我们在学习上那坎坷不平的路。老师让我们打开心灵的窗户，让我们拥有精神的支柱，老师送我们走上学习的道路，给予我们无穷的鼓舞。老师，我们将永远把您记住。

我在 1996 年毕业于通州师范学校，7 月份就被分配到大杜社中学担任数学老师。当时带领我的老师就是张本老师，对于我这个毛头小伙子，刚刚从校园出来就走上了三尺讲台，从一个坐在座位上听课的学生站上神圣的讲台，这变化既让我激动也让我迷茫。而这时张老师就像我的救命稻草，从心里给予我引导，多次与我谈心，了解我的思想变化，帮我分析，教我怎么做。

我参加工作时才19岁，和我的学生最多差6岁，这个年龄差避免不了学生或家长对我产生不信任感，这让我很困惑。如何才能早日树立自己的形象，让学生和家长信任我，才是最关键的。这时张老师看出了我的思想包袱，就主动找到我告诉我：要让学生信任你，让家长信任你，首先你要相信自己一定能做好，事事走在先，如比学生早到教室，和学生一起放学，主动关心他们的学习生活，而且要尽量做到公平公正地处理班内事务，让学生感到你不是高高在上的老师，而是和他们一样的朋友。

班级管理突发事件比较多，在处理时或有偏差。记得我班有一个调皮男生，他由于好动，不经意地和同学打闹，弄坏了人家的铅笔盒，但是不认错。当我知道后，就义正言辞地批评他，用强硬的口气让他在全班同学面前承认错误。我本以为可以解决了，但那个男生情绪反而更加激动，仰着头还是不认错。这时的我也是火冒三丈。张老师知道了，把我叫到他的办公室，让我坐下喝口水，讲述事情经过，我越讲越来气，可这时我突然发现张老师从我进门到我讲事情经过时，脸上一直是面带微笑，慢慢地我的情绪平和了许多，话语也不那么激动了。当我讲完后，我突然意识到心态平和地去解决问题更容易。这时张老师看我情绪平稳下来了，依旧面带笑容地和我讲应该怎么处理这类事情：因为孩子也要自尊，他不是故意弄坏别人的东西，而且还要赔偿，他害怕家长责罚，索性不予承认。你看这是多么天真的孩子，这样的学生还是好孩子，要看到他好的一面，如他在班内劳动积不积极，作为课代表他认真工作吗，等等。另外，先解开孩子的心结，帮他分析这件事为什么是他的错，让他意识到自己的问题，这样就好解决了。听了张老师意见，我平和了自己的心态，按老师教的方法去处理，果然达到了预期的效果。

张本老师不仅在管理班级上帮了我很多忙，在教学工作上也多次深入我的课堂听课，并指导我的教育教学工作。本来，张老师是教语文的，有着多年的经验，但为了帮我成长，老师还主动请教数学老教师如何上好数学课，也邀请老教师一起听我的课，课后主动找我交流经验。

学校要求新入职的老师要讲一节公开课，这让我紧张不已，手足无措，在准备过程中总是不满意，组内的老师也积极帮我筹备，可是内心的紧张情绪还是让我平静不下来，眼看着距离公开课的日子越来越近，我的情绪也越来越不稳定。就在这关键时刻，张老师看出了我的问题，再次主动找到我，我还以为找我谈讲课的事呢，但张老师没有和我谈备课的事，而是叫我到他的办公室，给我倒了杯带有一股清香的茉莉花茶，让我欣赏他写的毛笔字，并让我拿毛笔在纸上写字，并指导我怎么写，就在笔尖从墨盒到纸张地来回游动过程中，我们两人边写边聊闲天，不知不觉聊天的内容天南海北，非常开心。慢慢地我的头脑中没有了备课的紧张情绪，身心完全放松了，身体也轻松了很多。最后，老师和我说，我相信你已经准备好了，放松自己，相信自己，我也相信你，一定可以做好。我再次喝了一口带有清香的茶水，走出了办公室，一身轻松并充满信心地走向了我的讲台。

我现在从教 20 多年了，现在回忆起刚入职的时候，我感到自己很幸运能够遇到张本老师，他是我遇到的最好的老师，是我真正的良师益友。

大杜社中学　明健
2017 年 12 月 3 日

我的父亲

我出生在北京通州区的一个小村庄，即便是京津冀一体化、北京已寸土寸金的当下，那个小村子依然可以看到贫穷落后的影子。打我记事开始，我们家就是个农民家庭，父母和村里其他人一样，要去田里劳作，要靠出售农作物过活。可我总有一种优越感，乡亲都对我们家高看一眼，就因为我父亲的优秀。

总感觉他不该属于这里，虽然要在田里挥舞锄头镰刀，却写得一手好字，乡里乡亲逢年过节或是婚丧嫁娶都要请父亲写上几笔。父亲从不终日在田里耗费时光，像其他人一样生怕几棵草没除干净会影响庄稼长势，乡亲们因此经常笑话他不务正业，但到了收获时，我们家的收成往往比他们都好。父亲的思维敏锐，而且行事果断。记得有一年他在"自留田"里种起了苤萝这种经济作物，那个年代秋天一到，大家种的都是白菜。很多人都劝他，结果父亲还是坚持自己的选择。记得他说："大家都种白菜，这几年白菜越来越贱，总得尝试改变。"不过，最终父亲的这次尝试失败了，几亩地的苤萝以十分低廉的价格被收走了。当时还是八十年代，信息闭塞，交通不畅，人们不愿接受新事物。但我心里一直为他这次尝试叫好，如果放在当今这个信息时代，父亲的这种勇于创新敢于实践的性格，也许会让他成为一个出类拔萃的企业家。

父亲的前半生命运是坎坷的。在"文化大革命"时期由于爷爷是"四类分子"，家中的孩子们也受到牵连。我没有亲历过那个年代，仅从父辈们的谈论和文学影视作品感受那个时代的某个片段，也能想象到在那个人性扭曲的年代，长辈们会受到怎样的歧视和不公。父亲年轻时的学习成绩非常优异，这从后来他的老师李金铎先生对他的赞美就能知道。但因为家庭成分问题，使他失去继续深造的机会，只能回到村里务农。据说这件事对父亲打击很大，几天都没有吃一口饭。父亲最终没有因此颓废，他在村中干过农活，当过出纳。后来又学过兽医，空闲时间就翻开一些发黄的医学书钻研一阵子，后来成为一名称职的兽医，在十里八乡都小有名气！那时我还小，有人问我长大想干什么，我就回答："跟我爸爸一样当个兽医。"现在想想有些可笑，但是父亲对我影响就是那么直接、那么有力。

父亲后来还在乡里的食品站工作过，那是份不错的工作，月薪93

元,而且有"农转非"的机会。在 20 世纪 80 年代,能有个工人身份是很多农村人的奋斗目标。在食品站工作后不久机会就来了,单位给父亲一个"转正"名额!但是他很快由兴奋变成低落,连续几天晚上经常一个人拿出二胡,吱吱呀呀地拉着《二泉映月》。后来才知道,他把名额让给了单位里条件更困难的同事。父亲就是这样一个善良的人,当别人有困难求助他,他似乎不太懂得拒绝。之后还有很多事情,如远方的亲戚借钱,邻居争抢家门前的土地等,父亲都是选择成全别人,委屈自己。母亲有时为此和父亲争吵,我也看不过去,质问他几句。但总是被他骂:"你懂什么!"直到我长大了一些,父亲才偶尔对我说:"人家向你张口不容易的,和你争说明他过得不如你,能帮得帮的。"

父亲后来走上教师行业,是得益于他的授业老师李金铎先生推荐。李先生当时是大杜社中学的教师,因为学校教育人员匮乏,李先生便想到父亲这个得意门生。还记得那天,李先生来我家,先是送我几本儿童画册,后开始游说父亲。出于对老师的敬慕和感谢,父亲同意了,从此到大杜社中学做了一名代课教师,当时代课老师的月薪只有 33.6 元,远不如食品站的工资高。

家里环境发生根本转变的契机是父亲 35 岁的时候,社会上开始有"高自考"的机会,那时,他开始和同校的几位老师一起进修。父亲当时最不被看好,因为他的年龄最大,学历最低,家庭负担也最重。我的弟弟还小,父亲村里种着田,学校的工作也很繁忙。放假了还要去进修听课。家里有一台录音机,从没放过音乐,全是父亲自己录的学习内容,一到家就一遍遍地放。他进修学习的地方离家很远,父亲每次都要骑着自行车赶几十公里的路,风雨无阻。我经常看他很晚回到家,草草吃了碗妈妈做的鸡蛋羹,就又埋头苦学。每晚看着他伏案苦读的背影入睡,第二天醒来,他早已出去工作了。家住和平里的大姨后来对我说过:"你爸爸考试的那几天,考场离你家太远,他就前一天到我家客厅住一宿,第二天早晨吃了两个从家里带来的鸡蛋,就去考场了。"他这样的努力一下就是三年，凭着这股拼劲，父亲成功取得了北京师范大学的文凭，是他们学校同时进修的几个代课老师中，最早也是唯一一个拿到大学文凭的。正因这几年的拼搏，父亲也终于顺利通过教师转正考试，拿到正式教师资格！我如今也到了父亲当时那个年龄段，对比自己现在的状态，真不知道他当时是怎么坚持下来的。

父亲的家教很严厉，我从小就怕他，因为考试没有得第一，对客人没打招呼，甚至玩扑克时出错一张牌都要被批评。其实他也没有打过我，话也不是很多，但只要看到他的脸色一沉，就知道自己做得又不够好。我和父亲没有太亲密的时光，从小看他总板着一张脸。我们爷儿俩也很少有长时间的谈话沟通。记得仅有两次，一次是教育我中学时候不要交女朋友，另一次是上大学时要求我该去找个女朋友。

父亲为人有些古板但不固执。我初中时成绩非常不错，心想着上大学。当时上高中转不了户口，在很多人看来，这样不保险。父亲也建议我上个师范或者中专，把户口转了比较稳妥。这次我没有听他的话，坚持自己的主张，一向强势的父亲，没有固执己见，同意了我的选择。后来还总拿这件事向外人炫耀，夸赞我有主见。我以后的人生道路也都是自己选择的，父亲没有干预。到了后来我主动找他来商量，他也只是给我一些参考意见，却不替我决定。

因为我读高中、上大学和毕业后的第一份工作都在市区，离家实在太远，所以从初中毕业开始，我在外面的时间多，回家时间很少。远离了父母，却知道家里正发生着翻天覆地的变化。父亲成为正式教师之后，事业也开始顺风顺水，从教导主任到副校长、正校长，职位一路高歌猛进。父亲靠着自己的拼搏，终于战胜了他坎坷的命运，从一个农民，一个走街串巷的兽医，蜕变成了一个被人尊敬的中学校长。

通州区有很多优秀教师都出自父亲门下，这其中也包括我的一些同学。他们经常说起父亲，说他有魅力，对他们影响很深，对他们的成长帮助很大。父亲和他们之间有什么故事，我不太清楚。在我看来，父亲就是一个真诚善良的人，他有自己的原则，有自己的主见，有自己的执着。我和父亲讨论过领导才能的问题，父亲说："当领导就意味着你要比别人多吃亏，有了好事不能先想着自己，这样人家才会听你的，愿意被你领导。"他是这么说的也是这么做的。父亲在马驹桥中学当校长的时候，已经拿到不少荣誉，但是在优秀教师的评选上，他一让再让，把名额分配给了一线的骨干和干一辈子教育的老教师们。

父亲多才多艺，这一点是我由衷佩服的，我没有继承他这方面的天赋。也许是我从小没有机会学习才艺，农村的教育还是相对落后，在学校我没有接受过任何系统的音乐、美术知识，到现在连简谱都不认识。可是父亲当年的教育环境比我更差，却是琴棋书画样样精通。只要是民乐器，他拿到手摆弄几下就能演奏得有板有眼。父亲对二胡尤其喜爱，经常招呼几个戏友，演上一出"样板戏"，看到他陶醉的样子，我都很羡慕。我有时忍不住问他："您是怎么学会的？"父亲笑笑说："我也没人教，喜欢就会往里面钻，自然就学会了。"是的，父亲身上有那么一股执着劲儿，他五十多岁还拜在华敬俊老先生门下，研习书法，如今已是北京书法家协会的会员。

这就是我的父亲，在我眼中他没有别人说得那么高大，甚至没有大多数父亲那么关心疼爱自己的孩子，却用他一生的努力和拼搏教给我如何做人，做一个正直善良的人，做一个自力更生的人，做一个不对命运屈服的坚强的人。

张兆伟

2017 年 11 月 25 日

第七章 收势——不忘初心,方得始终

张本对通州教育的影响是深远的，这种深远的影响体现在他对人才的倾力培养和无私输出上，也体现在他的管理智慧的代际传承上。在李竹林校长心目中张本是"永远的师傅"，是一个有教育情怀的教育人。一个好校长，就意味着一所好学校，他用自己的实际行动书写着一个好校长的最高境界。从教育家到书法家，一生求索，一生奋斗，一生奉献，毫无保留。

一段佳话：通州教育的三驾马车

通州区位于北京市东南部，京杭大运河北端，地处北京长安街延长线东端，是京杭大运河的北起点、首都北京的东大门。区域面积906平方公里，2010年常住人口109万人，其中，农业人口332992人，非农业人口330311人。

通州区地处永定河、潮白河冲积洪积平原，地势平坦，自西北向东南倾斜。境内大小河流13条，运河蜿蜒，势若游龙；潮白河碧波千顷，渔歌唱晚。三河三路两侧百米绿色通道颇为壮观，形成天然生态屏障。

1958年3月7日，通县、通州市划归北京市，二者合并，改名通州区，1960年2月改名通县。1997年4月，撤销通县设立通州区。

2015年7月11日，中共北京市委十一届七次全会审议通过了《京津冀协同发展规划纲要》，通州正式成为北京市行政副中心。

2015年11月30日，北京市规划委对外发布，通州行政副中心的规划已经基本确定。到2017年，市属行政事业单位整体或部分迁入工作取得实质性进展，远期将带动约 40 万人疏解至通州。2016 年，通州区被列为第一批国家新型城镇化综合试点地区。2017 年 2 月，通州区入选国家重大市政工程领域 PPP 创新工作重点城市。

通州历来在华北地区地位显赫，古时就有"一京（北京）、二卫（天津）、三通州"的说法。目前，通州区辖 4 个街道办事处、10 个镇、1 个乡：永顺镇、梨园镇、宋庄镇、漷县镇、张家湾镇、马驹桥镇、西集镇、永乐店镇、潞城镇、台湖镇，于家务乡，中仓街道、新华街道、玉桥街道、北苑街道。

通州区全区中小学在校生总数 8.2 万余人，在园幼儿 1.4 万余人，教委所属事业单位在职教职工总数 8 千余人。全区共有各级各类幼儿园 77 所，小学 81 所，中学 40 所，职业学校 4 所，高等学校 9 所，特殊教育学校 1 所，乡镇成人学校 11 所，非学历培训机构 48 所。

李竹林、李志强、张刚被业界公认为是拉动通州教育发展的"三驾马车"，这三人有一个共同点：均从马驹桥学校走出，均得到张本的赏识提拔重用。这三人身上有着浓重的"马中系"的印记。在张本看来，这三人均有自己的特点和长处，他所做到的仅是看到了他们的这些长处，并充分发挥了他们的长处和优势。

李竹林，现任育才学校通州分校校长，是从马驹桥学校走出的第一位正校长。2002 年，张本到马驹桥中学时，李竹林是教导主任；2004 年，提任教学副校长；2007 年，李竹林被调到大杜社中学任正校长；三年后，调到育才学校通州分校任校长，李竹林上任育才学校通州分校校长后励精图治，无论从教育教学质量，还是学校管理上都做出了突出的业绩，带领育才学校通州分校成为通州区的窗口校、标杆校。在李竹林心中，张本是"永远的师傅"。

李志强，现任大杜社中学校长。2002 年，张本到马驹桥中学时，李志强任物理教师；2005 年，李竹林任教学副校长后，李志强接替他担任教导主任；2007 年，李竹林调到大杜社中学当正校长时，接任当副校长；

2015年，李志强调到甘棠中学任校长，甘棠中学教学成绩原先比较落后，李志强上任后第一年，学校教学质量就提到全区第三名。2016年年底，李志强被调到大杜社中学任正校长。

张刚于2002年1月跟张本一起从大杜社中学调到马驹桥中学，一开始是数学老师，因教学成绩突出，到2002年下半年，被提任教导主任；2005年，被调到张家湾中学任副校长；2013年，张刚被调到台湖镇教委工作；2015年下半年，在牛堡屯学校任正校长。张刚到牛堡屯学校以后，学校教学质量迅速提高，受到区教委的表彰，学校的面貌发生了根本性的变化。

关于这三人，张本的评价是：李竹林做事严谨认真，滴水不漏。李志强聪明、执着、不达目的决不罢休。张刚正直、沉着，遇事冷静，点子多。

除李竹林、李志强、张刚这"三驾马车"，张本在马驹桥中学任校长的10年间，从马驹桥中学调走高升的还有多位干部，按照时间顺序依次是：2002年，李连江调到北关中学，2015年，任大杜社中学校长。2002年10月，邢振江调到通州区教委任中教科任副科长。2008年，宗永强从马中调到教委工作，现任运河中学副校长。2009年，刘永民从马中调到教委工作，现在教委研修中心任中层干部。在张本之前，马驹桥中学都是从外校往马中调干部，从他任职开始，马驹桥中学成了往外输送干部的摇篮。

除了向外输送的这些领导干部，还有马驹桥学校现任办公室主任石立耕，梨园中学原德育副校长现教委办公室主任李根，以及马驹桥学校现任教学副校长陈立军，马驹桥学校现总务主任徐新民，马驹桥学校现任工会主席侯玉巍，形成了一个老中青接力传承的良性循环系统，为各个学校中学教育，乃至整个通州中学教育的可持续发展提供了保障。

在通州区三十多所初中校中，在地理位置上从南向北数，马驹桥学校、大杜社中学、牛堡屯中学、张家湾中学、甘棠中学、梨园学校、育才学校通州分校、运河中学、北关中学、玉桥中学依次排列分布在通州区的地图上，这些学校曾经和现任领导者及管理者都来自坐落于通州区西南方位的一所学校——马驹桥学校，他们身上都烙印着"马中精神"。十年磨一剑，经过十年时间的历练和沉淀，"马中系"在整个通州教育界大放光彩，以张本为首的"马中人"对整个通州教育所产生的影响是积极而深远的。

张本是李竹林、李志强、张刚心中"永远的师傅"，是李根心中"如父亲如兄长一般亲切的人"，是徐新民口中"改变了我的人生轨迹"的那个人，还是很多大杜社中学、马驹桥学校、梨园学校教师和干部心目中的"好领导"和"学习榜样"……张本与管理干部团队之间结成的亦师亦友情谊让许多人羡慕不已，尤其是张本与几位领导班子成员之间"毫无保留"地接力传承，无私馈赠，扶上马送一程，让年轻干部站在自己的肩膀走向更美的风景的这种胸襟和情怀。一个班子一条心，一个班子一个梦，共同为通州教育的发展挥洒着热血，奉献着青春。今天，从马中走出的年轻干部们没有辜负张本的期望，他们正在各自的岗位上发挥着暖人的光和热，为社会为百姓，为家长为学生，为国家为教育奉献生命的同时，也在书写着生命的辉煌，成就了一段"同心协力，接力传承"的教育佳话。

一段传奇：通州教育看西南

北京市通州区马驹桥镇，位于通州区西南部，地处京东南凉水河畔，距区政府 18.5 千米。辖 3 个社区、45 个行政村，镇政府驻马驹桥工业区东路 2 号。京津塘高速公路穿境而过。

2007 年，马驹桥镇将原马驹桥中学旧址整合为马驹桥镇成人文化技术学校。同年，马驹桥中学和大杜社中学突破 500 分以上的学生达 39

人，马驹桥中学第一名以总分554分的好成绩名列全区第三，两所学校均被评为"通州区2007届初三毕业班工作优秀学校"。大杜社中学被评为2007年度"北京市中小学资源建设与应用"先进单位。

马驹桥镇地处北京东南郊，通州卫星城的西南，紧邻北京经济技术开发区，是北京市政府确定的郊区重点建设的33个中心镇之一，是北京市总体规划的城镇体系布局中亦庄卫星城的组成部分。

始建于明朝天顺七年的马驹桥，是一个历史悠久的京畿古镇。2001年2月15日经市政府批准为市级中心镇以来，通过充分发挥得天独厚的区位交通优势，制定战略规划，明确发展思路，马驹桥经济和社会各项事业则进入了一个快速发展的历史阶段。两个市级开发区——北京国家环保产业园区、北京通州物流产业园区在镇内全面启动，更是赋予了马驹桥无限的发展潜力。未来的马驹桥将不是一般意义上的农村小城镇，而是首都现代化国际大都市的近郊和卫星城的组成部分，承担着市区和卫星城延伸的部分城市功能，成为带动农村发展、加快农村城市化进程的一个典型窗口。

马驹桥镇有一条大河，今名凉水河，实为魏晋北朝时期和元明时期的永定河故道。河上原有渡口。历史上"凡外郡畿内之人自南而来者，东西二途胥出此渡。车之大而驾者，小而挽者，物类之驮者，人之有肩负者、骑者、步者，纷纷络绎，四时不休"。由此可见，经过这里而进出北京的路上是十分繁忙的。为了方便行旅，当地有钱有势的人便在河上架起木桥，称马驹桥。简易的木桥往往被夏秋的大水冲垮，所以每年冬春都要架一次木桥，费时费力。为了一劳永逸，明天顺七年（1463年）动用国库银两在这里修建了一座长25丈、宽3丈、下有九孔、上有雕栏的大型石桥，英宗皇帝赐名"宏仁桥"，显示这是一项宏大的仁政工程。同时在桥东头建了一座碧霞元君庙。每年的阴历四月初八是元君诞辰，届时京城士女竞相前往进香。进香的人皆头顶一尊元君像，背负着楮锭即纸钱，有的走一步即拜一次，一路上步步叩拜，走三天才能到庙上。有的走五步一拜，或十步二十步一拜，走一天即到了。沿途旗幡飘扬，锣鼓声噪，十分热闹，足见这座碧霞元君庙的香火之盛。清乾隆年间，对宏仁桥和碧霞元君庙又重新修葺，桥改称马驹桥。正是因为马驹桥是进出北京的大道之一，又有香火极盛的碧霞元君庙，所以在这里形成一个大型村落，这就是通州区马驹桥镇。

通州区初中校中的窗口校、明星校马驹桥学校（原通州区第一实验中学、马驹桥中学）就坐落于京南重镇马驹桥，北临古老的凉水河，东接京津塘高速公路，南靠交通便利的南六环，与北京经济技术开发区接壤，交通及地理位置十分优越。他的前身原马驹桥中学1956年建校，至今已有60多年的建校史。

从2002年2月，张本上任这所学校的校长，到2012年，张本调到梨园中学任校长，这十年时间，单从名称上马驹桥学校就经历了从马驹桥中学到通州区第一实验中学再到马驹桥学校的变迁。

今天，马驹桥学校已经建设成为一所办学条件先进、教育教学质量领先、学校管理水平领先的现代化品牌学校。建筑面积28623平方米，现有教职工120人，教学班24个，学生1100余名，拥有行政办公楼、教学楼、实验楼、多媒体教室、计算机教室等设备齐全的现代化设施。学校以"一切为了祖国富强、一切为了学生发展"为办学宗旨，在全校干部、师生共同努力下，学校于1997年被评为"区级规范化建设示范校"；1998年被市教委评为"普通中学规范化建设达标校"；2000年获得"通州区教科研先进单位"。2002年至2006年，马驹桥中学连续获得"通州区学校教育教学质量综合评价先进单位"殊荣。

从2002年的马驹桥中学，到2005年，两校合并，搬进新校区，成为北京市通州区第一实验中学，再到2009年，为疏解马驹桥镇生源增长的压力而增设小学部，成为九年一贯制的马驹桥学校，在张本的带领下，马驹桥中学走过了集奋进与荣耀于一身的十年历程，十年磨一剑，傲雪始闻梅香。马驹桥中学逐渐成长为通州区农村中学教育的一颗明星，靠的是马驹桥中学领导和师生的同心拼搏，筚路蓝缕，不忘初心，牢记使命。

从领导管理，到教育质量，到教师队伍建设，再到学生培养，素质教育的开展，马驹桥中学在学校发展的各个层面都取得了让人羡慕的成绩和荣誉。尤其在学校管理、人才培养，教学质量上所达到的高度更是让同行学校望尘莫及。通州业界因此流传着这样一段词：十年前，通州教育看东南；十年后，通州教育看西南。这"西南"指的就是"马驹桥学校"。

张本：一生所求

作为一个正常人总要有所追求，或者说都有些梦想。我也不例外，在不同的年龄、不同的环境中曾有过不同的追求。比如：学生时代我的追求是考取名牌大学；回乡劳动追求当个好社员；教书时追求当个优秀教师；当校长后追求把学校办成先进校……回忆起来，我的这些追求基本上都实现了，有的当时没能实现，后来经过努力，勉强补上了，如我的名牌大学梦，由于上学时遇上"文化大革命"，上大学成了泡影，但后来经过拼搏，考取了北京师范大学函授班，也算是圆了梦吧。

再说第二个追求：当个好社员，"文革"中我们这代人都要回乡参加农业生产，接受贫下中农再教育。几年的劳动把我从一个柔弱的小孩（由于当时吃不饱饭，经常饿肚子，所以身体瘦弱），锻炼成为一个壮劳力，而且在后来的联产承包中拿到了全村头奖，真正成了一名好社员。

第三个追求是当一名优秀教师。1985年，正当改革开放的大潮扑面而来之际，许多人都忙于下海淘金，我却不顾家人的反对，放弃了当时月薪百元的优厚待遇毅然来到了大杜社中学，当上了一名代课教师（当时代课教师的月薪只有33.60元）。来到学校以后，我潜心钻研业务，把全部身心都投入工作中，爱学生胜过爱自己。有个别学生交不起学杂费，我就用自己微薄的工资替学生缴纳；有几个学生不好好学习，我就苦口婆心地教导。我一直坚持家访，在当班主任的10年里，我足迹踏遍了大杜社乡的每一个村落。在我当教师的10年里，共教出了三届毕业班，每一届的中考成绩均超县平均分，把几十名学生送入了重点学校。由于业绩突出，在1989年我被县委县政府评为行业"先进个人"（就是当年的县级劳模），1991年被评为县级"优秀青年教师"，比较圆满地实现了第三个追求。

当上校长之后，就有了第四个追求：建成一所优秀学校。1994年由于教学业绩突出，我被提升为大杜社中学的教导主任，走上了领导岗位。当时的大杜社中学教学质量在全县（当时的通州区还是县）排名倒数，我潜心钻研管理理论，实行目标管理，充分调动教师工作的积极性。短短两年时间，学校的教学成绩就跨入全县的前列。1996年，我被提升为大杜社中学副校长，主管教育教学工作，协助校长积极开展教育改革。到2000年，大杜社中学已成为通州区中学的先进校。

2002年1月，我被调到马驹桥中学担任校长兼党支部书记。在担任马驹桥中学校长的10年里，我大胆创新，带领全校师生开展教育教学改革，深入实施素质教育，全面提升了学校的办学质量，马驹桥中学多次被评为优秀校，10年中有7年中考成绩位居全区农村中学第一名。目前马驹桥学校已经成为一所现代化的学校，我实现了第四个追求。

我还有不少的追求，如当个科学家、当个著名书法家等，这里不再赘述。

我已于去年退休了，回忆过来的人生之路，几乎一直在追求着，追求什么呢？我反复思索，我个人认为既没有追求升官，也没有追求发财。我所追求的是"卓越"。六十多年无论是上学、回乡劳动、当教师还是担任领导始终高标准严格要求自己。当学生刻苦学习，当农民不怕吃苦受累，当老师勤奋刻苦，教书育人。特别是当干部时处处以身作则，率先垂范，以先进的思想和最佳的模式管理学校，以高尚的人格和严谨的作风影响每一个教职工。所有这些回想起来都是为了追求"卓越"。话说到这里，我又觉得我无所求，自参加工作到现在30年如一日，我没请过一次假，没迟到过一次。每逢寒暑假老师们都要外出旅游，我因马驹桥和梨园学校都赶上建新校舍，几乎每天坚持到校，几乎没有寒暑假，但我从没要过加班费。群众有困难我总是想在前头及时给予帮助，想群众所想，急群众所难，把党的温暖送到每个教职工的心里。在荣誉和个人利益面前，我多次把当选先进的机会让给别人，学校实行岗位工资以来，有三年我把高一级工资的岗位让给普通老师。当校长的十几年里，我从来没拿过一等奖金。

我的大半生一直是在"求"与"无求"之中度过的，我认为虽然没做出什么惊天动地的伟业来，但也无愧于人生，无愧于社会，多少还算为社会做出些许贡献。

"捧着一颗心来，不带半根草去"，这是著名教育家陶行知一生献给教育事业的真实写照，也是我的座右铭。几十年的风雨沧桑，始终守望着自己的理想，守望着那个用汗水和心血谱写着人生平凡而卓越的乐章！"一个人的一生应该是这样度过的：当他回首往事的时候，他不会因为虚度年华而悔恨，也不会因为碌碌无为而羞耻"。

张本
2017年11月8日

一个好校长就是一所好学校

教育界有这样一句话：一个好校长就是一所好学校。今天全县举行了规范管理现场会，使人深深感受到了这一句话的内涵。大家一大早6：00

就出发，参观了张湾中小学、平明中小学、房山中小学等六所学校，他们的管理让我们叹为观止！学校还是那所学校，老师还是那些老师，条件几乎没变，有个别原本很差的学校怎么变化这么大呢？看来校长的灵魂作用千真万确！

慈眉善目中透着一股子精干，低调含蓄下隐藏着的是埋头实干的精神，一米八五的身高站在人群中自带一派高瞻远瞩的气势，身形精干瘦削，一双眼睛微眯，让你猜不透他的想法，却并不拒人千里之外，一身黑色西服，领带并不顺从地安放在它应有的位置，彰显着主人不拘小节的独特气质。

在近二十年时间里，张本先后把三所本来相当薄弱的学校打造成优秀学校，引领学校取得明显成绩，被通州教育界称为"传奇人物"。

1996年，张本从教导主任被提任为大杜社中学教学副校长。两年后，大杜社中学教学成绩从排名倒数前进到全县第三名。

2002年，张本调到当时办学条件落后，教学成绩同样倒数的马驹桥中学担任校长，他从抓教学质量入手，筚路蓝缕艰苦奋战，让一所办学条件差、师资力量薄弱的"困难"学校取得了惊人的成绩。一年后，他带领马驹桥中学在教学成绩上冲到全区第一名，从此之后的十年时间里有七年拿到全区第一！四年后，把马驹桥中学（当时的通州区第一实验中学）建设成为一所办学条件先进、教育教学管理领先的现代化品牌学校。

2012年，张本再一次临危受命调任当时身陷混乱和危机、关系复杂、矛盾重重的梨园中学，张本"奉命于危难之际"，到任后继续以顽强的毅力、不屈不挠的奋斗精神和大刀阔斧的改革创新快速打开工作局面，积极推进学校的各项建设。一年后，梨园中学成功摆脱混乱局面，学校各项工作走上正轨，在张本的带领下，学校面貌发生了巨大变化，梨园学校成功增设小学部，成为一家九年一贯制学校，并走出了一条以科技创新教育为特色的品牌化之路。教育教学质量得到大幅提升，多次受到通州区教育主管部门的嘉奖。

张本先后振兴三所学校的秘诀在哪里？用他自己的话说："管理是学校工作的灵魂，是一所学校走向成功的动力源泉。"

"一个好校长，就是一所好学校。"校长是学校的灵魂，校长的办学思路、教育行为、管理行为和风格等对学校工作产生直接的全局性影响。

好校长是敬业的校长，好校长是务实的校长，好校长是廉洁的校长，好校长是善思的校长，好校长是博爱的校长。

校长的"魅力"

中小学校长是学校的法人代表，是学校行政方面的第一责任人。一所学校办得好与不好，是和校长的自身素质密切相关的。校长的自身素质，可以从众多方面去诠释。校长的"魅力"是学校的"魂"。

在众多师生的评价中，张本绝对是一个相当有"人格魅力"的人。这种魅力不仅体现在高尚的人格、博大的胸襟、温暖人心的热情，还体现在擅长决断、判断准确、让人信赖，也体现在智商情商双高、保持开放、不因循守旧、勇于创新、大胆改革等方面。

思想魅力。一个好校长一般都具有先进的教育思想，创新的教育理念。实践证明，张本许多教育思想都是超前的，是代表着世界教育新潮流方向的，具有前瞻性和引领性。张本把教育当成他甘愿为之奉献终生的事业，大教育的思想在他的脑海里根深蒂固。他从不为老师们一两次偶然的迟到、早退而大发雷霆，更不会在老师们下班前"偷视"谁谁早下班了。因为他认为校长就应该干校长应该干的事儿，他更多的是在思考教育的未来、学校的发展方向、每位教师的人事调动、职称评定等这些关系人心向背的事儿。

知识魅力。一个好校长一般都知识渊博，并"术业有专攻"，他应当是大师级的学者。他热情拥抱接纳新事物，善广泛猎取，不断充电，不断"丰满自己"……因为胸中有丘壑，他常常能给前来求教的老师们"听君一席话，胜读十年书"的感受。张本这种锲而不舍的求知精神对老帅们是一种无声的示范作用。他自己半生求索，奋斗不息，带动着全校的师生也具有了这种"终身学习"的精神。

亲和魅力。张本虽然做事雷厉风行，遇到困难绝不妥协，在非常时期常行"铁腕政策"，但他为人低调，表情亲和，言语张弛有度，话语幽默，给人一种亲切感。他擅长谋划，思虑周到，却不显山不露水，极少发脾气，从不"咄咄逼人"。他经常走进课堂，像一位普通教师一样坐在教室的后排安静地听教师讲课，也经常在课外和老师们聊家常、话冷暖，工作在谈笑风生中"润物细无声"渐入佳境。

"长者"魅力。这里所说的"长者"，并非特指老者，而是泛指"领导者"。古人云："长者，让也。"张本认为，要做一个好的领导者就是要比别人多吃亏，有好处时先想别人，后想自己。正是靠着这种"让"的魅力，张本赢得了上上下下的敬重。

助他人成功的魅力。作为一个好校长，不仅自己成功，更要帮助他

人成功。张本常常甘为他人进步成长做"梯子",他从不担心干部超越自己,也从不压制人才;相反,他认为一位好校长要做的事情应该是发现人才,培养人才,成就人才,这才是校长应该干的事情。倘若不能做到这些,那他就不配称为一名好校长。放眼芳草满园春,兵强马壮我安。这正是张本助人成功的魅力所在。

一个魅力十足的校长,一定能带出一个好班子,带出一支好队伍,办出一所好学校。

张本:当本色校长,悟乐学之道
——赴武汉学习有感

2015年11月底,我随同通州区初中校级干部一行50余人,赴武汉市教育干部培训中心学习,历时一周,听了7场报告,参观了一所学校。每天都忙得不亦乐乎。虽然忙而累,但收获颇多,感觉不虚此行。

此次学习给我感触最深的是黄石八中校长郭茂荣的讲座,引发了我对如何当好校长的深入思考。

今天校长难当,征途漫漫,人们习惯性地"疲劳""磨灭"和"迷失",以至于忘却自我,找不到"家门"和"来路"。身处浮躁的社会中,我们被太多无谓的欲望所蒙蔽,看不清自己的心,弄不明白自己真正想要的是什么。"我们已经走得太远,以至于忘记了为什么出发",只是太多的牢骚、太多的计较、太多的茫然,让我们走得很辛苦。

《华严经》中有一句"不忘初心,方得始终"的"八字真经"。的确,只有不忘初心,坚守着教育者的良知,教育才能回归本色;也只有不忘初心,教育者才能在平淡的教育生活中找到简单的幸福,在平凡的岗位上干出不平凡的事业。

回归教育本色,校长是关键。当校长有苦有累有委屈,校长很重要,当好不容易,成功有规律,自身要努力。关键是要守住教育本色。

回归教育本色,就必须尊重教育的规律,必须按教育的规律办教育。然而,在这个人心日渐浮躁的当下,还有多少教育的管理者能静下心思、耐住寂寞来思考教育,来思考教育的本色?

回归教育本色,必须用平静的心态办教育。"十年树木,百年树人"这句古谚不仅告诉我们培养一代人需要漫长的时间,也告诫我们应沉下心来办教育。"教之道,贵以专"讲的也是这个道理啊!

回归教育本色,必须回归教育原点。所谓原点,就是开始的地方。教育的原点在哪里?是否可以回头看看中国教育的历史,看看我国古代的一些教育。这个原点,也许在蔡元培的行动里,也许在陶行知的著述里,也许在孔子的闲谈里……

回归教育本色,务本是前提,坚守是基础,校长是关键,教师是核心。今天的教育改革的浪潮滚滚而来。为了应对这场变革,许多校长盲目跟风,唯恐落后,办学理念喊得一个比一个响,一个比一个先进,教师的心思还是"涛声依旧",看教师行为仍然"我行我素"。劳心费力,吃苦不讨好,想成先驱则没有几个,反成先烈的不少。如何才能避免成先烈?我认为,做一个本色校长,学会审时度势,不盲目跟风,无求名利,不为任何风险所惧、不被任何干扰所惑,我们常说要务本求实,那么不忘初心很重要。

本色校长就要有无私的境界,执着追求,淡泊名利。校长要有高尚的师德,坦荡的胸襟,豁达的气度,宽容的心态,无私地爱护着学校的每一个师生。铭记最初的心态,淡泊名利,踏着坚实的步伐,让千里之行始于足下。

校长要有宽容之心,宽容是一种气度,是一种胸怀,更是一种智慧。我国传统的儒家之道提倡"忠恕"之道,其中"恕"的意思是"己欲立而立人,己欲达而达人",那么如何"立人"?如何"达人"?答案之一是:宽容。宽容不仅需要"海量",更是一种修养促成的智慧,事实上只有那些胸襟开阔的人才会自然而然地运用宽容；反之，大发雷霆或是批评责罚倒是人们心中认为理所当然的事，可是这样的结果未必会让当事人真正反省，也不会有什么成效。因为人通常都会有逆反心理，即使自己做错了，在别人的指责下也会为了维护自尊心而硬着脖子说没错。

有知足情怀的校长，知道自己为什么而做，也知道自己该怎么做，就像在灵魂深处长着一双明亮的眼睛，指引着思想的方向。能够在自己的专业领域中有一点自信，有一定的职业成就感，享受着内心的快乐，那就足够了。

何为乐学之道呢？

孔子曰："君子务本，本立而道生。"经过了二十多年持续性的教学改革，特别是经过了近年来新课改的冲击与洗礼，中小学课堂教学整体面貌应该说已有了大的改观。在一波又一波改革的推动下，各种新的教育理论、思想、观点，各种新的教育教学模式、方法、技术、手段不断涌进课堂。以往课堂教学普遍存在的理论匮乏、方法单一、技术落后的问题已得到很大程度的解决。

今天社会主义建设作为未来理想社会建设的目标和方向，其主要任务要从经济发展转向为用文化化民成俗上来，而真正能担负起化民成俗之责任就兴办教育，如果我们一旦认识到这一点，社会主义的真正光明情景才会打开其通天大道。

中华民族自古便重视育德，《左传》曾有"大上有立德，其次有立功，其次有立言，虽久不废，此之谓不朽"之说。意思是说：人生最高的境界是立德有德，实现道德理想；其次是事业追求，建功立业；再次是有知识有思想，著书立说。阐明了人生不朽的三个层次。可以说，立德处于首位。在教育教学中，只有当学生树立正确的道德观念，才能分析判断哪些行为是善的，哪些行为是恶的；对善的行为予以认同、赞扬；对恶的行为加以排斥、谴责，进而形成为人处世的准则标准。

学校教育要抓住教育目的之"本"——立德，要把促进学生健康成长作为教育工作一切的出发点和落脚点，为学生终身发展奠基。

要想让学生乐学首先要"知其心"，即树立先进的学生观，懂得青少年身心发展规律，了解并掌握学生的差异性，实施个性化教育。"知其心"，首先要承认学生作为"人"的价值。尊重学生的人格尊严，不能把学生当作知识的容器和考试的工具，在引导过程中要注意学生的情绪生活和情感体验。要了解他们的知识基础、智力水平、能力状况、性格特征以及他们的迷惘和困惑，加强引导的针对性，避免盲目性。

我校的德育教育已经纳入学校的课程中来，心理咨询室为学生提供倾诉的场所，诚信吧让学生懂得诚信的重要性，生涯教育课让学生熟悉和适应生存环境，获得生存所必需的知识和经验，培育健康的身体和心理素质，形成基本的生活和学习能力。教师们的和谐德育论文屡屡获奖，学生与老师的关系更加亲近。进入校园，学生尊师、教师爱生，师生融洽，为学校教育打下了良好的基础。

其次是悟其道。七十二行，行行有道。商有商道，教有教道，只有悟出行道，才能行行出状元。同样，学生只有悟到学习之道，才能成为学习的主人，才能是成绩优异者。问题是学生原本就是学，同样如何悟其道也不是天生的，也需要学，更需要教师的帮助。长久以来，我们广大教师太多地关注如何教，教什么等问题，却忽略了学生如何学，教师如何帮助学生掌握学习方法，启发学生有意识地悟道。因此，转变观点，我们教师在组织教学活动中既研究如何教，更要研究如何帮助学生"悟其道"。

先有小"道"，才有"大道"，只要我们教师在教育过程中心中时时"有道"，我们终会把学生引到"道上"，当学生在"道上"行走的时候，终有一天他们会"得道"，那一刻就是教育成功日之时。教师唯有心中有道，才能在教育过程中处处扬道，从而达到帮助学生"悟其道"。这就要求我们教师不仅研究教材、组织教材，甚至我们还要超越教材，把我们认为能帮助学生悟道的相关内容组织在一起，达到帮助学生悟道。积小道而成大道；找规律而悟其道。

  我在听了初三教师的课以后，对初三教师提出的复习策略为："基础知识天天见，重点知识不断线"，要带领学生明白对于不同的知识要采取不同的学习方法，要掌握重点知识的内在联系，头脑中要有一棵知识树，那一年，初三在统练不利的情况下，我们上下一心，共同研究教法、学法，努力实践，最终我校被评为毕业班工作优秀学校。由此可见，"道"很重要。

  综上，要当好校长，首先要务本，其次要带领教师和学生悟乐学之道。加之现在的先进教学手段，相信一定能提高教学质量，培养出更多的适用于新时代的建设者和接班人。

  武汉之行虽然已成为过去，但它在我的教育生涯中将会留下不可磨灭的印记。

梨园学校 张本
2015 年 12 月

后 记

韧，格局，好奇心，领导力

很幸运能得到这次机会，为张本先生书写记录他的人生和事业的辉煌，此处说"有幸"并非寒暄。在跟张本先生几次接触中，在用文字呈现他精彩故事的期间，我作为一名记录者都受益匪浅。

有一些人天生就有照亮别人生命的能量。我不能说自己从张本先生那里学到了多少，到目前也无法准确估量，然而，张本先生的许多为人处事的准则确实从内心深处影响到了我，而我只是这本传记的写作者，我们的接触也并不多。

横看成岭侧成峰，远近高低各不同。我所看到的张本先生并不一定是你眼中的张本先生，更不是他的全貌，但，我却一定要诚实地表达出我心中对于这个人物的印象出来。

作为一名文字工作者，我无法用生动形象的画笔来呈现对于张本先生的印象。但是对于张本先生，下面这四个关键词是最先也是最强烈映像在大脑的屏幕上的：韧，格局，好奇心，领导力。

在与张本先生打交道的这大半年时间里，让我至今印象最深刻的一个场景是：30 年前的那个冬天，张本先生每天下班后都会骑上自行车，骑行 45 公里地穿越大半个北京城，从东南郊区到北京市中心去听两个课时的培训课。两个小时 45 公里，一小时骑行 20 公里，已经是普通人普通自行车的极限速度，最关键的是要一天一个来回，是 90 公里。就这样，张本先生连续奔袭了三个月，三个月 90 天，8100 公里！现在的许多极限运动爱好者会挑选固定的时间从某地以跑步或骑行的方式，行程多少公里，期间也会遇到很多困难和挑战，是一种很潮很时尚的行为。相比之下，张本先生这为期90天的一路骑行平淡无奇，在我看来，却是一件很了不起的历程，因为，它的目标指向只有一个：为了学习，在张本先生35岁的人生节点上，他选择再次出发挑战生命新高度，而一般人处在这个生命阶段大多已放弃成长，不愿改变，在这一点上，张本先生做出了超越常人的举动，这是我对张本先生的第一个印象——"韧"。

  在传记写作过程中，我也有幸结识了数位张本先生原先的同事，今天的朋友知交（他们今天正在自己的岗位上为中国的教育事业发挥着自己的光和热），让我最惊叹的是，他们无一例外地对张本先生表现出的那种发自内心的"敬重"和"爱戴"。这两个词亦非虚词。在这个社会，人们习惯用"人走茶凉"来表达世态人心，然而，从张本先生的身上，我看到的是"人走茶更热"。做人到一定份上，茶就变成了"恒温茶"。在这一点上，张本先生重塑了我的许多认知，让我认识到，职场中的领导和下属也不是必然无法交心，如果能把同事处成知己好友，那将是你一生的财富。

  著名重点高中育才学校通州分校校长李竹林说，张本先生是"永远的师傅"。"领导的大家，管理的大师"，是李竹林对张本先生的评价。在我的印象中，李竹林一向低调，平日里讲话用词都极谨慎。

  在张本先生的传记中，有一个章节是专门解答"一个心灵上高度契合的领导班子是如何炼成的"，这一节其实可以简化为"交心管理层养成记"。一个团队能做到目标一致已然不易，而能做到交心的又有几个？从这里，我体会到的一个关键词是——"格局"。

  第三个关键词是"好奇心"。复旦大学某教师说，如果说这世上只有一样东西可以让人永远保持年轻、永远充满力量，那么这样东西就是"好奇心"。许多了解张本先生经历的人都会禁不住感叹：一个人的人生怎么可以这么精彩，一个人在有限的生命里怎么能精通这么多领域？他是怎么做到的？张本先生认为，其实，每个人都能创造奇迹，只是大部分人不知道自己有这样的本事。养猪状元，兽医高手，自组民队，吹拉弹唱样样精通，练书法，自学管理学硕士，退休后与儿子合伙办"小饭桌"……一个人的生命力就是如此旺盛，一切源自"好奇心"，好奇心治愈一切懒惰。

"人天生喜欢被领导，而不喜欢被管理。"在写作过程中，我曾经跟张本先生探讨过关于"领导力"的话题，通过总结，我认为，张本先生在担任学校一把手近二十年期间所表现出来的卓越"领导力"根源于他"提拔人，尊重人，成就人"的一颗公心。他从来不为自己带出来的骨干有一天超越自己而担心，相反，张本先生以此为荣，并认为这正是一名卓越领导者的本色。从张本先生身上，我看到了一种强大的照亮他人生命的力量，这种力量也可以被称作为独特的"领导力"。

张琳
2018年2月2日